Un film à Rolle

DU MÊME AUTEUR

Déclassée. De Roland-Garros au RMI, Éditions du Panama, 2007
Le Tour de ma vie, Éditions du Panama, 2008
Détraquements. De la colère à la torpeur, Michalon, 2013
Je lâche mes coups. Comment le tennis-industrie a tué l'esprit du jeu, Solar, 2017

Catherine Tanvier

Un film à Rolle

récit

en exergue.
éditions

Graphisme couverture : Philippe Marchand – Atelier Sens
Photo de couverture : © Fred Kihn

ISBN 979-10-97469-76-4

www.en-exergue.fr

Pour Marc Grinsztajn

« Il faut aller chercher les images parce qu'elles sont dans le désert. »

Jean GENET

1

Paris

Quand je me regarde dans le miroir, mon visage est livide. Mes traits sont tirés, je me trouve amaigrie, fatiguée.

Je n'avais besoin de rien.

Pourtant je me suis levée tôt, et j'ai pris l'avion. Je regrette. Je ne supporte plus de voyager. C'est une déchirure. Partir est comme si je me dirigeais vers une impasse. Mais l'inconnu ici est surprenant.

Vus sous un autre angle, ma panique, mes questionnements, même mes faits et gestes sont compulsifs, limite comiques aujourd'hui.

Je ris. Je ferais mieux d'annuler ce rendez-vous et de repartir pour Nice. Je n'en ai pas l'énergie. Bientôt onze heures. Je suis installée dans un bistrot du boulevard Magenta. Il n'y a quasiment personne. J'ai un peu mal au dos. Le garçon de café passe me voir. Je lui commande un Perrier et une omelette. J'attends. Et je cogite. Je me frotte les yeux. Un frisson parcourt mon corps. Je regarde la pendule placée au-dessus du comptoir. 11 h 30. Je me remets à réfléchir. Moi, actrice... Je ris toute seule. Six mois que je joue à l'actrice pour voir si j'en suis une !

Le bistrot ne manque pas de miroirs. Je suis partout par endroits. En face, à droite, à gauche, au-dessus. Impossible de m'ignorer. Comme je suis mal habillée ! Pourquoi tout en noir ? Et quelle idée d'avoir mis mes Doc Martens...

Ces habits, ces chaussures sont pratiques, faits pour durer. Comme moi. Dehors, il fait froid et gris. Décembre... Saison fraîche où toute chose se dénude, perd ses couleurs. Je n'ai pas cherché à plaire, je n'en ai pas la moindre envie. Tant pis si ça dérange. Je respire un bon coup. Moi, actrice... Je secoue la tête. Le serveur qui passe par là me demande si je vais bien.

– Oui, oui ! Et parfaite, cette omelette !

Il est joliment coiffé, bien habillé.

– Il va pleuvoir aujourd'hui ? lui dis-je.

– Oh, très certainement, me répond-il.

– Tant mieux, j'aime Paris sous la pluie.

Il sourit, sans doute parce que les gens disent généralement l'inverse, et que je suis seule.

Je fais un effort pour manger. Pour boire. Je gigote sur ma chaise. Mon manteau tombe par terre. Je le ramasse. J'ai attiré l'attention de quatre personnes qui viennent de s'installer non loin de ma table. Ça m'amuse. Je le leur montre. Ils détournent le regard. Je me marre.

Encore deux heures avant le rendez-vous. Je déjeune avec l'éternité. Je devrais vivre avec un rêve, et pourtant tout se brouille dans ma tête. Moi, actrice ? Un homme le pense, pour le moment. Un homme ? Un monument !

Cette nuit, je n'en ai pas dormi. Lui, cet homme. Ça fait réfléchir.

Les yeux me picotent toujours. C'est l'avion. Surtout tôt le matin. Je parviens enfin à vider la moitié de mon verre. Je progresse. Autour de moi, de plus en plus de gens s'attablent. Midi et demi. Ils sont à l'aise, ce sont des Parisiens. L'atmosphère s'anime, le bruit s'amplifie, s'incarnant dans des conversations sonores, des couverts, des verres qui s'entrechoquent. Au milieu de cette cacophonie, la vie reprend dans ce bistrot. Impression féerique aux joies taciturnes qu'engendre ma solitude. Je ne suis pas malheureuse, je suis juste nerveuse, tremblante.

Je suis une sotte. La rencontre va être mémorable. Je claque pourtant des dents. L'attente n'est jamais une partie de plaisir. Je connais ces moments à n'en plus finir. Tout à l'heure, il me faudra y aller.

C'est là que j'ai commencé à lutter.

Évidemment, je ne termine pas mon plat. Ça en vaut pourtant la peine. Moi, actrice… Décidément, c'est ridicule. Ça ne me fait rien. Mais ce n'est pas ridicule pour la personne qui souhaite me donner un rôle, elle en vaut le coup. Que m'arrive-t-il ? Oh ! charmante existence… La mienne, éteinte. Je me moque de ma pauvreté, du moment qu'elle me sauve, m'aide à rester libre.

Je cherche cette fois un autre endroit où poser les yeux et tombe sur des gens qui à présent me scrutent. Je connais ces visages, tous ces regards fixés sur moi, qui me le montrent bien, et qui se disent : « Qui est donc cette femme ? »

Épiez-moi si cela vous amuse. Vous m'êtes plus fréquentables. Un étau me serre le ventre. Moi, actrice... Ça recommence. Toutes ces convoitises du cinéma... L'animation autour de ma possible participation. L'absurde vanité que cela engendre. Debout à cinq heures du matin. L'avion à huit. Alors, film ou pas film ? J'y suis presque. Pour des raisons sérieuses. Je m'en rends compte.

Quelle comédie ! Ne te fais pas d'illusions... Laisse tomber !

J'ai pourtant failli le faire : tout annuler.

Puis je me suis tue.

Dehors, un rayon de soleil traverse furtivement le boulevard Magenta. Il ne m'a pas échappé. Lui aussi lutte pour exister. Je tergiverse à nouveau. Je soliloque beaucoup. Je me dis des choses importantes, des évidences simples. Un vieillard vient de s'attabler à côté de moi. Il enlève péniblement son manteau noir. Nous portons le même. Nous nous saluons de la tête. Il tousse. Je dévie le regard. Lui non plus n'est pas très robuste. Mais il est élégant. J'aspire un maximum d'air. Ça me calme. Par inadvertance, mes yeux croisent de nouveau ceux du vieillard qui spontanément me sourit. S'il savait ce que ma présence me coûte de peur !

Bientôt 13 h 30. Avant de demander la note, je file aux toilettes qui se trouvent au sous-sol pour me refaire un semblant de beauté. Un peu de rouge aux lèvres, de mes doigts je me recoiffe, mes cheveux sont électriques. Encore l'avion… Tant pis. Je n'aurai que cette tête à offrir pour ma première entrevue avec Jean-Luc Godard, dont c'est aujourd'hui l'anniversaire.

2

La rencontre

Je me présente à l'entrée d'un imposant immeuble haussmannien. Je sonne.

— Oui ?

— Jean-Paul ? C'est Catherine, bonjour.

Jusqu'alors, j'ai toujours échangé avec lui par mail ou par téléphone.

— Ah, bonjour ! Je te donne le code : 134502, l'ascenseur est à gauche. Monte, nous sommes au troisième étage.

J'arrive sur le palier. Derrière cette porte, un sacré monsieur m'attend. N'allez pas croire que cette idée me laisse rêveuse. Je suis au supplice. Un miracle a pourtant bien lieu.

Je frappe.

Mon cœur est en plein sprint. La porte s'ouvre sur une voix familière.

— Comment vas-tu ?

C'est Jean-Paul Battaggia, tout sourire.

Je n'ai pas le temps de lui répondre car apparaît dans l'entrebâillement Jean-Luc Godard qui, cigare à la main, m'accueille, aussi intimidé que moi. Nous nous saluons comme deux Japonais. Courbés, respectueusement, avec distance. J'ai le souffle coupé. Puis, d'une voix chevrotante, il me dit :

— Bonjour Catherine, soyez la bienvenue.

Il me tend la main. Je la lui prends. Le contact est chaleureux, rassurant, d'une grande courtoisie.

Avant d'entrer, j'essuie longuement mes pieds. Quand je vois mes Doc Martens, tout à coup, ça ne m'est plus égal. Jean-Paul me ramène à moi et nous introduit dans la salle à manger. L'atmosphère est lumineuse, végétale, empestée de fumée de cigare. Je me tiens au milieu de quelques tableaux et objets d'art. Je n'ose pas poser de questions. Il y a cette caméra dans le coin... Un casting, me dis-je.

— N'y faites surtout pas attention, me prévient Jean-Luc Godard qui vient de me désigner une chaise. C'est pour des raisons techniques.

Elle est si près de moi...

C'est à présent l'heure du grand oral, comme lorsqu'on s'apprête à passer un examen. Il est environ quatorze heures. Jean-Paul, qui travaille toujours avec lui, reste en retrait, veillant à ce que nous ne manquions de rien. D'ailleurs, après m'avoir débarrassée de mon manteau, il nous propose une boisson. Face à moi, je vois Jean-Luc Godard s'installer. Il ne semble pas porter grand intérêt à mes choix vestimentaires, ce qui m'arrange bien, et après m'avoir demandé si j'ai fait bon voyage, il entame la discussion sur le tennis.

Quel merveilleux alibi pour moi : parler avec lui d'une chose que je connais par cœur... Jean-Luc me met à l'aise, me sidère déjà par sa connaissance véritable de ce sport.

Si ma fébrilité initiale se dissipe un peu, je ne parviens toutefois pas à ignorer la caméra en marche sous mon nez, ni ce qui se prépare pour moi. Je sors de ma réserve pour m'ouvrir à ses attentes et me dis, pour me donner du courage, que tout cela n'est qu'un jeu.

La partie commence. La fumée de son cigare ne me gêne pas. Je m'habitue au personnage, à son regard tendre, pénétrant, dans lequel il m'est maintenant facile d'entrer. Sans doute un scénario commence-t-il à s'écrire dans ces yeux-là. Bien que mon rôle soit encore indécis, ils me scrutent en me laissant croire que je ne suis pas observée. L'art Godard… Et son sourire doux, un tantinet enfantin quand il aborde le sujet des commentaires sportifs à la télévision.

— Les commentateurs privent le spectateur de ses propres visions ! s'exclame-t-il. Au moment où je vais dire « Oh ! Superbe, ce slice ! », ils le disent. Moi, à ce moment-là, je ne peux plus le dire. Et ça m'ennuie. Je ne peux pas le découvrir moi-même. Surtout si l'on regarde sur deux chaînes, une pour ceux qui n'y connaissent rien et qui s'intéressent juste au suspense entre Nadal et Federer, et une autre pour celui qui a envie de voir par lui-même.

— Vous n'avez pas tort. Les commentateurs parlent trop. Ils ne respectent pas non plus les silences entre les points, comme savait le faire à l'époque le duo Hervé Duthu et Jean-Paul Loth. La plupart du temps, ils parlent pour ne rien dire, ou pour dire ce qu'on pourrait constater par nous-même.

— En même temps, je suis allé deux, trois fois à Roland-Garros car un de mes amis avait une loge, et je voyais le central de près. On voit tout de suite une fois qu'on est dedans que c'est faux. Parce que la retransmission réduit tout. Et puis le décor… Quand on arrive, la première chose qui vous frappe, c'est que ce n'est pas très grand. C'est un petit jardin, le central de Roland-Garros.

Je m'empresse de réagir.

— Eh bien, voyez-vous, c'est assurément à Wimbledon que j'ai eu la sensation d'être dans un jardin, une sorte de petit temple tout verdoyant. Le joueur se sent très proche des spectateurs, là-bas. À Roland-Garros, c'est tout le contraire. Croyez-moi, ce court central est très vaste, il y a beaucoup de recul.

— Oui, mais quand on le voit à la télé, il a l'air vingt fois plus grand. Même les lignes donnent l'impression d'être déformées. Pareil avec beaucoup de joueurs. Je prenais Thomas Muster pour un gros boucher, comme ça… et j'ai vu une espèce de loup maigre. Il était tout à fait différent.

— Eh oui. C'est une tout autre perception des choses quand vous êtes au bord d'un court. D'ailleurs, même la vitesse est différente. La télé l'écrase. L'engagement du joueur aussi est impressionnant en vrai et aucune image télévisuelle ne rend compte de sa vitesse d'exécution.

— Oui et non. Quand on voit des trucs, on se dit : « Ouais, mais ça, ça vient de la télé. » Mais disons qu'ils filment tel que certains d'entre nous essaient de le faire, pour qu'il n'y ait pas beaucoup de différence avec la télé. On ne se rend même pas compte combien une balle très liftée va vite…

— Oui, comment elle « gicle » au moment du rebond quand elle vous arrive dessus. On le voit bien avec Nadal. Le tennis a beaucoup évolué depuis mon époque, en termes de vitesse, de puissance. Il est extrêmement brutal aujourd'hui. Le jeu tout en finesse a quasiment disparu.

— Je pense que le slice revient. Enfin, on le reverra. Mais pas encore le coup droit slicé.

— En revers, il est toujours là, mais il est mal tenu. Seul Federer sait l'effectuer avec un poignet bien ferme. En revanche, le coup droit slicé… il existe en retour. On le voit avec Stan Wawrinka, mais aussi lorsqu'on est sur une position défensive.

— Autrefois, on en voyait beaucoup. Connors le faisait encore.

— Oui, c'est vrai.

— Un coup slicé bien fait va plus vite qu'un coup plat. Si je dis ça à mon prof, il va me répondre « Oui, mais c'est dépassé maintenant… » ou « Oui, je vois ce que vous voulez dire, mais en même temps c'était plus vif ». Moi, j'ai vu Borotra jouer une fois sur parquet.

— Ah, oui ! Là, le slice fuse…

— Eh oui, ça allait vite !

— Il n'allait pas aussi vite qu'un Stefan Edberg à l'époque de Rod Laver ou de Ken Rosewall, mais il était d'une précision chirurgicale.

— Celui de McEnroe était tout en finesse.

— Il y a celui de Roger Federer qui est aussi de toute beauté.

Silence.

J'ai perdu Jean-Luc ; il ne répond plus. Motus. Il me regarde seulement et me sourit, rallume son cigare qui vient de s'éteindre, tire dessus quelques bouffées puis, calmement, me fait comprendre qu'il n'a guère envie de l'évoquer, comme si le joueur helvétique constituait une parodie à ses yeux. Je ne me résigne pas et, avec une douce obstination, ajoute :

— Et quel revers couvert, également !

Long silence. Il boit son expresso. Je bois le mien. Puis il revient sur le champion américain.

— McEnroe ne frappait pas les balles. Il les déposait.

— C'est vrai. C'était un joueur d'une grande génialité.

— ... et qui trouvait son plaisir aussi dans l'invective, la désobéissance.

— Les gens venaient le voir pour ça. Il a été disqualifié plusieurs fois pour comportement abusif. Ses refus d'obtempérer, c'était aussi sa marque de fabrique, un moyen appliqué pour servir un jeu d'une créativité folle.

— Oui, c'était un joueur inclassable pour ça, c'est sûr...

Silence.

— D'ailleurs, c'était le seul joueur qui jouait tous ses coups avec une seule prise, reprend-il.

— Vous me scotchez, là !

C'est un vrai passionné. Il a radiographié tout le jeu de McEnroe. Et moi, que savais-je de Godard avant cette rencontre ? Sorti de ses deux films culte, *Le Mépris* et *À bout de souffle*, qu'il est un immense cinéaste, révolutionnaire en pensée et en style, qu'avec Truffaut il a créé la Nouvelle Vague. En somme, je ne sais pas grand-chose. On me l'a présenté comme quelqu'un d'irascible, de peu souriant, et en un quart d'heure il m'a souri vingt fois. Je suis sous le charme, immédiatement. Sa perception des choses, des êtres, est singulière. Je suis happée par ses mots, son discours aussi. Son regard, presque en transe lorsqu'il parle...

Sa voix frêle, criblée de bravoure... Une parole qui sort comme pour refaire le monde. Ou le faire rejouer d'une autre manière. McEnroe voulait révolutionner le tennis parce qu'il trouvait l'ancien modèle mort. Il l'a fait en cultivant son personnage d'éternel rebelle. J'associe Jean-Luc à ce même culte que l'on prête au joueur américain : *a rebel with a cause.*

Car il ne suffit pas de produire, il faut continuellement créer. Puis déplaire, proposer, déranger, vociférer, et voir là dans un génie son plus grand mérite. En deux, trois mouvements, Godard vient de m'adresser une leçon magistrale. Cet épicurien de la balle jaune me sidère.

— Revenons au film, déclare-t-il.

3

Le rôle

— Oui, au *Film Socialisme* ! m'exclamé-je.

Jusqu'ici, j'ai seulement reçu le synopsis de la seconde partie :

« Les Animaux »
Le jour arrivé de leur anniversaire, le temps d'une nuit, une grande sœur et son petit frère ont convoqué leurs parents devant le tribunal de l'enfance. Ce même jour, l'un des parents (hésitation et disputes pour savoir lequel) doit passer à la télévision régionale pour se déclarer candidat à la présidence de... et les enfants demandent des explications sérieuses et sincères sur les thèmes de : fraternité, liberté, égalité.

Dans la salle à manger de Jean-Paul, la caméra tourne depuis un bon quart d'heure et je sens que je ne vais pas tarder à faiblir, à ne pas toujours tout saisir. J'aborde la discussion avec le résumé du film bien en mémoire. Je suis ici pour en savoir davantage sur ma partie, celle de « mes » enfants... Enfin, je l'espère ! Jean-Luc Godard se marre.

— C'est pour ça que j'ai changé le titre. On ne voyait pas très bien avec le précédent, je trouve. Tandis que si on dit *Patrie*, on voit mieux les enfants, c'est une patrie d'enfance, quelque chose comme ça. Je pense que c'est mieux, ça peut être politique. Enfin, c'est à lire comme ça.

— Ces deux enfants veulent s'impliquer politiquement.

— En fait, c'est moi qui parle à travers eux. En tenant compte de l'acteur, de trucs, mais je leur dis mes idées. Le petit garçon, effectivement, il dit des choses qu'on ne dit pas, ou des pensées qu'on ne dit pas. Mon problème, c'est d'arriver à ce qu'on puisse l'écouter. L'écouter encore plus que s'il dit une phrase d'un philosophe ou d'un économiste. Qu'il arrive à dire. Et puis... cela vient de mon histoire peut-être, aussi. Moi, mes parents m'ont peu dit de choses sur beaucoup de choses, et donc, aujourd'hui, je...

Il se marre de nouveau et poursuit :

— C'est pas un règlement de comptes ! C'est comment j'aurais aimé dire des tas de choses. Pas celle-là, puisque j'ai soixante ans de plus, mais c'est un peu ça.

— Dans ce film, vous voulez donc remettre une communication au sein d'une famille entre parents et enfants, et notamment politique, pour le coup.

— Oui, sur la politique, sur l'économie, sur des tas de choses. Mais, en même temps, ce n'est pas du tout une réunion de famille. Pour moi, c'est ça peut-être qui peut inciter à dire : vous n'avez pas de rôle à jouer. Vous n'êtes pas un personnage. Bon, vous êtes une mère de famille, mais c'est parce que la mère... C'est l'idée générale de la mère qui est vraie, qui est un mythe, comme le père... Le père, la mère et les enfants n'ont pas... disons... appris ça.

Mais pourquoi est-ce qu'on ne m'a pas appris ça par le... C'est un peu comme si des statues parlaient.

Sans conviction aucune, je réponds :

— Oui, oui...

— Si on faisait une statue d'un enfant, est-ce que le sculpteur pourrait faire quatre statues différentes ? Mais je ne suis pas Rodin ni Michel-Ange, mais il faudrait qu'on sente ça... Le cinéma est comme ça. Ça peut être complètement immobile. Si on continue à se voir, vous ne verrez plus ce qui pourrait être simplement... euh... deux minutes où on ne voit pas l'enfant, mais on l'écoute. Et vous réagissez ou vous ne réagissez pas. À des moments, je vous laisse réagir, on fait une prise, je vous laisse réagir comme vous avez envie de réagir.

— Je suis quand même un texte ?

— Aussi, mais pas toujours.

— Ah ? Pas toujours ?

— Pas toujours. En fait, j'ai plus envie de montrer ceux qui écoutent que ceux qui parlent.

— D'accord...

— Parce que je pense qu'on entend mieux à travers l'écoute de l'autre. Mais à des moments, je peux arriver à un plan ou arriver à faire un plan comme ça, sans savoir. Il est muet. Je vous tourne puis je vous dis de regarder un endroit et puis, tout à coup, je fais des choses bizarres. Soit je fais des grimaces...

Nous nous mettons à rire tous les deux. Il poursuit :

— Voilà ! Ensuite, ce petit sourire que vous avez là, je mets la phrase que je pense qui peut aller avec ce petit sourire. Vous voyez les tas de choses ? Ça n'a aucun rapport avec, disons, une mise en scène théâtrale : la mère qui est ceci, l'enfant qui est cela. C'est dans ce sens-là que j'ai envie de faire.

— Vous faites en quelque sorte de l'improvisation.

— C'est presque de l'improvisation. C'est complètement improvisé mais à partir de quelque chose qui n'est pas du tout improvisé, pour que la mère ait un sentiment. Vous êtes une déesse aussi, la mère est une déesse.

— Vous me prêtez un amant.

— Oui, mais on ne saura pas vraiment.

— Ce sont les hommes qui ont le plus souvent des maîtresses…

— Oui, plutôt. Ça dépend aussi des acteurs. Et ça se passe dans un climat, disons, imaginaire, où il va y avoir une élection cantonale. La mère est peut-être comme ça, le père n'est peut-être pas tout à fait d'accord, mais il y a dans cette famille un rite qui veut qu'à l'anniversaire des deux enfants, la fille est comme ça, le fils est comme ça, les enfants ont le droit à deux heures, on pourrait dire… de questions au gouvernement.

— Et il y a la journaliste qui arrive…

— Oui, elle vient pour l'interview.

— Pour qui, en fait ?

— Eh bien, on va l'apprendre. On va l'apprendre car on sent que le père n'est pas tout à fait d'accord, vu qu'il n'est pas content qu'elle se présente. Mais quand même, ils ont pris un rendez-vous à la télé, comme ça. Puis, en fait, ça disparaît parce que les enfants ont le rite à accomplir, donc…

— Et d'ailleurs, ils ne sont pas contents que la journaliste arrive. Ils lui crient : « Dégagez, vous n'avez rien à faire ici ! »

— Oui, ils ne sont pas contents, ils lui disent : « Filez, c'est notre jour ! »

— Voilà, c'est ça !

— Et alors, après... Je ne sais pas, ça dépendra. Ça peut se tourner, j'ai assez.

Jean-Paul est allé éteindre la caméra, je commence à me sentir mieux, mais je suis perdue. Je regarde Jean-Luc Godard, toujours affable, me souriant, rallumant son cigare pour la énième fois. Je respire ses bouffées de fumée, toussote un peu, et lui souris en retour. Notre entrevue m'a paru une éternité. Maintenant j'observe avec plus de stupeur celui qui certainement va me prendre pour son film. Le fait de me trouver en face de lui continue à me procurer une drôle de sensation, une impression irréelle. Il sait où il va. Moi, pas du tout. Et si je savais où j'allais, ce serait la même chose : je suis gênée, je ne me sens pas à ma place, et encore moins sûre d'être la personne pour jouer ce rôle. Je lui fais part de mes doutes.

— Jean-Luc... Vous savez... Je ne suis pas actrice. Je...

— Mais qui vous demande d'être actrice ? Soyez vous-même.

Sa réponse est tellement improbable que je me demande si je ne vis pas déjà un film. Je vois Jean-Paul se marrer. Lui et moi, on se connaît un peu ; nous nous sommes appelés ces derniers mois. C'est un homme élégant, délicat. Il est grand et très actif. Lui aussi fume pas mal. Il tousse, ça me fait rire.

Quand mon regard revient sur Jean-Luc, il se lève doucement. Je l'imite aussitôt.

– J'ai été ravi de vous rencontrer, Catherine. Je reviens vers vous dans quelque temps.

Nous nous saluons chaleureusement. Jean-Paul me raccompagne à la porte et tente de me rassurer :

– Vous avez beaucoup causé, c'était très bien, ne t'inquiète pas !

Je suis obligée de le croire. Nous nous faisons la bise et nous disons à bientôt.

4

Quelques balles

Les jours qui suivent cette rencontre ne me font pas oublier le personnage Godard, bien au contraire. Je suis fascinée, littéralement captivée. L'homme Godard, quant à lui, est souvent en mode « off ». Alors chercher à le comprendre… J'ai à peine saisi ma place dans son regard, ses paroles. Sans doute Godard lui-même est-il un *autre* comme Arthur Rimbaud disait de lui-même. Vais-je être actrice ? C'est à présent une éventualité. Du reste, Jean-Luc Godard le croit. Je lève les yeux, je secoue la tête, je suis bien embêtée. Pire, toutes ses paroles courent dans mon esprit, n'ont toujours pas quitté mon pauvre cerveau. Chaque matin, chaque nuit, je vis, je marche, je m'endors avec lui. Je repense à tout ce qui s'est dit à Paris. Je me souviens de chacun de ses mots. Durant la journée, je m'intéresse à ses œuvres, j'écoute ses interventions médiatiques. Je m'imprègne de lui, de son travail. Il a fait de moi un être merveilleusement possédé.

Que reste-t-il de la joueuse de tennis pillée, du modeste écrivain de *Déclassée*, de sa vie terne auprès d'une mère croulant sempiternellement sous les dettes ? L'accès à une nouvelle élévation ? Fini la pente familiale, l'enfer carnassier du monde ! Je respire Godard, je revis.

À sa hauteur.

Peu de temps plus tard, une lettre confirme que je suis prise pour jouer le rôle de la mère :

Rolle, 23/12/2007

Chère amie Catherine,

Ci-joint un bon pour environ 5.000 balles neuves (en euros). Faites-moi signe lorsque votre banque vous les aura créditées.

Je travaille en ce moment à une refonte du scénario et reprendrai contact avec vous à mi-janvier.

Le tournage aurait lieu une première fois vers fin mars 2008.

Merci pour votre affectueux fax.

Affection aussi,

Jean-Luc Godard

On le présente comme un radin compulsif, un cinéaste froid, distant, coléreux, et c'est en réalité tout le contraire. *5.000 balles neuves...* Qu'il est drôle ! Drôle et incroyablement généreux. C'est ma mère qui va être contente.

Puis les choses s'accélèrent. Jean-Paul m'envoie un courriel dans lequel il joint un contrat à signer et un texte accompagné d'un petit mot de Jean-Luc :

« Il y a un personnage, celui de la Mère, à qui, par contre, il n'importe nullement d'avoir une vie, si l'on considère le fait d'avoir une vie comme une fin en soi. Elle ne doute pas le moins du monde, elle, qu'elle est déjà vivante ; il ne lui est jamais venu à l'idée de se demander comment et pourquoi, ni de quelle manière elle l'est. Elle n'a pas conscience, en somme, d'être un personnage : car elle n'est jamais, même pendant un seul instant, détachée de son "rôle". Elle ne sait pas qu'elle a un "rôle". »

Pour Catherine Tanvier, à savoir par cœur, sans intention.
Amitié, G

Cette Mère est pour moi ce que je ne serai jamais. Il y a là une situation involontaire qui me fait sourire. Moi, mère… Pourquoi pas ? Je me persuade craintivement. Jean-Luc Godard aurait pu me proposer un autre rôle, il aurait eu autant de valeur à mes yeux. Ce texte à apprendre est comme un échauffement de tennis, cela va forcément me préparer, me faire du bien. Voilà comment je m'apprête à accueillir le rôle de la mère dans son prochain film.

Il ne m'a pas indiqué de qui est la citation. Il a signé avec la lettre G, comme Godard : nous sommes à présent dans le travail. Et phrase après phrase, je m'attaque au texte.

Les citations sont ce qui constitue les films même de Jean-Luc Godard, avec toutes les difficultés intellectuelles qu'entraîne le fait de devoir les retenir sans véritablement en comprendre le sens.

Dans son mail, Jean-Paul en a profité pour me confirmer les dates de tournage, du 1er au 10 août inclus à Rolle, en Suisse. Il m'indique que l'ordre dans lequel les scènes seront filmées n'est pas encore définitif et le sera d'ici la mi-juillet, moment où Jean-Luc est supposé venir à Paris pour faire un point avec ses acteurs. *Es-tu libre à cette période ?* me demande-t-il. *Je t'embrasse très fort, Jean-Paul.*

Le film s'appelle officiellement *Film Socialisme* et non plus *Patrie*, suivi de *(Des choses comme ça)*. Quelque temps plus tard, je reçois un synopsis, la liste des personnages du film : la mère, le père, la fille, le garçon, la journaliste TV, le technicien TV (qui sera en fait une femme), l'ami du père, l'amant de la mère.

Entre-temps, Jean-Luc m'a spontanément envoyé un extrait (de quatre pages imprimées) du livre de Frederic Prokosch intitulé *Une Sarah Bernhardt*, dans lequel on découvre que l'auteur est tombé follement amoureux du tennis et du joueur américain Bill Tilden, devenu son idole. La beauté de l'écriture est tout aussi saisissante que l'époque remarquable dans laquelle se déroule l'histoire. De sa part, je le prends comme un clin d'œil. Le tennis, toujours le tennis… *Le seul sport où l'entraîneur ramasse la balle*, m'a-t-il écrit. Comme j'ai ri, là encore… En y repensant, il a raison. Ils sont plus soumis, plus asservis que le commun des mortels. Mais ils sont mieux payés pour tenir ce rôle auprès des joueurs pros. Pour eux, ce rabaissement ne fait donc pas si mal. Il n'est pas ingrat. Le constat est universel.

Voilà que je pense comme Godard ! Je cherche chicane auprès d'anciens confrères, consœurs. Ce mimétisme va m'attirer des ennuis… Il est vrai que l'esprit de contradiction est peu français. Un rien les met en rogne. Surtout quand c'est comique. Cela est flagrant.

Je réponds au courriel de Jean-Paul pour lui apprendre que je me tiens disponible pour revenir à Paris.

Un mois plus tard, m'y revoici pour rencontrer quelques acteurs prévus au casting et de nouveau Jean-Luc Godard, toujours chez Jean-Paul qui m'accueille cette fois avec deux bises et une franche accolade.

— Tu vas bien ? Viens, je vais te présenter !

Tout le monde semble se connaître. J'entre sur la pointe des pieds. Ce sont tous des comédiens professionnels et cette différence me cause une certaine appréhension. À la perspective de me retrouver isolée dans un coin, je faiblis. Jean-Paul a disparu. Il a dû être appelé ailleurs. Quelques regards convergent vers moi. Je ne sais pas où me diriger ni vers qui. Jean-Paul refait irruption dans la salle et reprend le service.

— Tu veux boire quelque chose ? me dit-il en s'arrêtant à ma hauteur.

Il y a là quelques plateaux d'amuse-gueules posés sur une longue table.

— Avec plaisir. Un verre d'eau, s'il te plaît.

La pièce sent le cigare. Jean-Luc n'est pas bien loin. Quand je l'aperçois, il est souriant et, me semble-t-il, ravi de me revoir. Je me fraye un passage jusqu'à lui. Je crois que cette fois-ci nous nous faisons la bise. Sa délicatesse est infinie. Ce n'est pas ce qu'on lit à son sujet. Je me demande encore pourquoi. Nous restons un moment à discuter des extraits qu'il m'a envoyés, notamment sur Bill Tilden.

— À cette époque, le tennis était pratiqué par des joueurs et des joueuses issus de la grande aristocratie, fais-je.

— Pas tous, non. Suzanne Lenglen n'en était pas une, me rappelle-t-il.

Incollable Jean-Luc ! Il marque un point. Nous rions spontanément tous les deux. Je le trouve plus détendu, en meilleure forme. Une actrice fait son apparition. C'est Élisabeth Vitali. Son visage m'est familier. Jean-Paul nous présente l'une à l'autre.

L'obligation de dire quelque chose soudain me paralyse. Je n'ai plus soif, je peine à finir mon verre d'eau. Un silence s'installe. Mais elle me parle comme le fait une Parisienne : vite et avec gouaille ; cela m'aide à me déniaiser un peu et je peux enfin m'exprimer sans gêne. Viennent ensuite à ma rencontre celui qui sera mon mari dans le film, Christian Sinniger, puis Eye Haïdara, tous deux absolument charmants. Ils sont tout de suite à leur aise. Je devine de vrais acteurs. J'aperçois Jean-Paul s'approcher de nous, accompagné d'une adolescente. C'est sa fille.

— Catherine, je te présente Marine, ta fille dans le film.

Elle non plus n'est pas actrice. Ça a le don de me rassurer. Je lui lance :

— Sous la direction de Jean-Luc Godard, nous devrions vite progresser !

Elle sourit nonchalamment à ma boutade. Son père se marre, me pince le bras et repart à ses occupations. J'espère qu'elle comprend que je suis tout aussi effrayée qu'elle. Ses yeux sont ceux d'une biche. Elle a un sourire ravissant et toute sa personne exprime la crainte. Je sens qu'il m'est inutile de faire appel à plus d'humour. Je suis également à la recherche de repères dans ce monde qui m'est inconnu. D'ailleurs, cela se voit que les acteurs conviés ici ne ressentent pas la même appréhension que nous deux. Je lui demande timidement :

— Tu veux devenir actrice plus tard ?

— Oh, non... Je ne sais pas ! dit-elle avec beaucoup d'hésitation. J'ai mes études à finir.

Je saisis bien cette réponse. À son âge, j'avais quitté le lycée. J'étais une joueuse professionnelle qui parcourait le monde entier. À quinze ans, je n'avais jamais reçu d'argent de poche, c'était moi qui le distribuais à tout le monde. J'avais accepté cette vie déjà brisée, parce que je ne savais pas qui j'étais encore.

Bien sûr, je ne lui dis rien de tout ça. Mais quand je suis en présence d'une adolescente, je ne peux m'empêcher de voir le décalage énorme entre une vie dite « normale » de collégienne ou de lycéenne, et celle qui a été la mienne, déstructurée au possible. Ce sont là des images ancrées en moi, irréversiblement. Je suis donc éblouie par cette relation père-fille. J'observe tout l'amour que son père lui porte, ce soutien qui lui donne une certaine sérénité dans l'existence, que je n'ai jamais connue. Je trouve cela attendrissant, profondément doux.

— Tout va bien ? me lance Jean-Paul qui repasse en coup de vent. Mange, tu es toute maigre !

Cet homme est d'une gentillesse et d'une attention rares. Je suis bien. Je sens que j'appartiens complètement à l'équipe, à Jean-Luc. Jusque-là je n'ai jamais travaillé pour quelqu'un. Voilà que je vais le faire pour une personne hors norme. C'est un sentiment bizarre, encore non identifié.

Nous sommes une quinzaine d'invités conviés à un pot bon enfant pour nous parler, nous sourire, nous découvrir. C'est un petit rassemblement agréable, authentique. Je reste là deux bonnes heures.

Je suis heureuse.

5
Le départ

C'est mon premier voyage pour Rolle. À Paris, Jean-Luc m'a dit : « Venez avec vos raquettes. » Hier, dans son mail, Jean-Paul m'a écrit la même chose : *Surtout n'oublie pas tes raquettes !* Donc ma première pensée est de les préparer avant même de faire mon sac. Deux seulement feront l'affaire. Je ne vais pas jouer Wimbledon, quand même ! Et j'en ris. Sans doute veut-il commencer par un tennis, me dis-je. Je n'oublie pas le reste, une paire de chaussures de tennis, trois T-shirts et deux shorts. Et me voilà partie pour affronter deux univers : celui de Godard et celui de Jean-Luc.

Depuis notre rencontre, pas mal de tourments ont laissé place à des choses inattendues, agréablement surprenantes. Bien sûr, tout vient de Jean-Luc Godard que je peux désormais appeler Jean-Luc. Il est aussi le *réalisateur* de ce rapport amical entre nous. J'en suis consciente, et c'est un honneur qu'il me fait. Adolescente, combien de fois ai-je entendu ma mère me parler de lui, de son film *À bout de souffle* qui l'avait transformée au point de se couper les cheveux comme Jean Seberg, l'actrice phare du film ! Ses paroles étaient tendres, toujours vives à l'égard du cinéaste. Au fond, la vraie jeunesse c'est la nôtre, celle que l'on n'oublie pas et que l'on se plaît à se remémorer, parce qu'elle n'est qu'un aperçu frais, un passage de soi, une image qui revient et nous régale encore, tandis que nous vieillissons moins légers, moins indulgents.

J'écoutais ma mère me raconter Mai 68, période marquée par les mouvements d'étudiants grévistes, et la solidarité inconditionnelle de Godard avec cette jeunesse sous le signe de la révolte, fulminant de propos quasi belliqueux contre les organisateurs du festival de Cannes et les journalistes, ce qui avait fait grand bruit à l'époque, le printemps fou, les pavés qui volaient au Quartier latin... L'histoire éblouissait, impressionnait. Je saisissais la portée des mots de ma mère, de son existence d'alors. J'osais à peine l'interrompre. Elle ne m'en avait pas dit plus sur le personnage Godard. L'homme engagé vivait comme il fumait : en brûlant ses cartouches. Et aujourd'hui, l'âge du renoncement semble ne pas avoir d'emprise sur lui. J'ai hâte de le retrouver, de vivre au centuple dans son univers nullement reposant, de respirer ses minutes créatrices. Ça tombe bien : dans quelques heures, je m'envole pour la Suisse.

Mercredi 1er août, l'avion atterrit à l'aéroport de Genève. La journée est belle, agréablement ensoleillée. Me revient en mémoire la dernière fois que je m'y suis rendue : c'était pour y disputer un Grand Prix. Je me revois en tenue de sport, profondément seule et malheureuse. Perdue de vivre, en proie à des souffrances tel un animal blessé, condamnée à toujours prendre le dessus, je n'avais pas le choix. Annihilée par une réalité écrasante, je finirais fracassée. Maintenant, promise à trouver du sens et enfin allégée de vivre, je mesure la joie de revenir à Genève sous ce gai soleil. J'avance, je vais, sans me répéter : pour quoi faire...

6

L'Aubaine

La trouille me submerge. Pourtant, quand je suis revenue à Paris en mars dernier, j'avais moins peur qu'en décembre. Mais là… je mesure ce qui m'attend, même si c'est indistinct. J'imagine Jean-Luc en immersion dans son travail, occupé, fertile. C'est cet homme que je m'apprête à retrouver. Cette peur m'engonce. Elle n'est pas dévastatrice. Elle est là, pour le moment, comme une lourdeur.

À l'aéroport, les portes douanières s'ouvrent sur un homme qui vient à ma rencontre, plutôt fin et de taille moyenne. Il se présente. Fabrice Aragno.

— Bienvenue en Suisse, Catherine !

C'est le caméraman de Jean-Luc Godard. Il m'accueille chaleureusement. Cette courtoisie me frappe et me rappelle celle de Jean-Paul et de Jean-Luc. On se tutoie. Je n'ai rien contre. Il s'empare spontanément de mon bagage et nous voilà en route pour Rolle.

— C'est loin ?

Fabrice me fait signe que non.

— Une petite heure, précise-t-il en souriant.

Puis nous parlons du beau temps, de l'endroit où va se tourner le film. Il ne m'en dit pas plus. Je ne demande pourtant qu'à découvrir. Il prend le parti de ne pas tout révéler, sans se départir de son sourire. Le suspense est total, son regard bienveillant.

Une heure plus tard, nous arrivons à l'hôtel de Nyon. Je suis un peu fatiguée. Je ne désire rien que le repos et la vue magnifique depuis la fenêtre de ma chambre sur le Léman brillant. Si je découvrais Venise, je ressentirais la même extase. Un mercredi à Nyon. Tout repose ici, le calme, le lac comme de l'huile et ce modeste bourg. Il fait une chaleur estivale.

Jean-Paul doit passer me prendre tout à l'heure pour retrouver Jean-Luc à Rolle, à dix minutes d'ici. Je déballe mon sac, prends une douche et songe déjà aux futures répliques qu'il me faudra apprendre. Je suis heureuse, mais toujours nerveuse. Calme-toi ! Je m'allonge pour essayer de faire le vide... Le téléphone sonne. C'est Jean-Paul. Je descends le rejoindre à la réception. Nous nous embrassons comme deux vieux copains.

— La chambre te convient ? s'enquiert-il énergiquement.

J'acquiesce. Nous sortons de l'hôtel pour monter dans sa voiture. En chemin, je viens aux nouvelles de « notre » fille. Il se marre.

— Marine va bien, elle arrive demain de Paris.

Puis il s'empresse de me demander si j'ai bien emporté mes raquettes. Je le rassure et ajoute :

— À croire qu'elles sont plus importantes que mon rôle !

Et nous rions ensemble. J'en profite pour lui faire part de ma grande nervosité. Je la trouve étrange.

— C'est normal, me dit-il. Moi aussi je suis toujours nerveux avec Jean-Luc. Et ça fait des années que ça dure !

À partir de cet instant, tout entre nous va commencer et se terminer par des rires.

Quand nous arrivons à Rolle, il prend une ruelle sur la gauche, et nous voilà aux Petites-Buttes où se trouve l'atelier de Jean-Luc. Ou plutôt *L'Aubaine*, le nom qu'il lui a donné. Notez la génialité de la trouvaille ! Donc, forcément, quand j'arrive, j'ai le cœur en mode pré-match.

Jean-Luc a dû entendre la voiture car il nous attend à l'entrée, accompagné de Fabrice. Il se montre tout de suite familier avec moi. Nous nous faisons la bise. Sa barbe de quelques jours me chatouille les joues.

— Vous avez fait bon voyage ?

— Absolument !

— Et vous êtes bien installée à l'hôtel ?

Je lui parle de la vue grandiose depuis ma chambre. Puis nous entrons dans l'atelier. Jean-Paul et Fabrice marchent derrière nous, et moi je suis au bord de l'hypnose. C'est la découverte d'un lieu de travail aux dimensions normales dans un monde de créations anormales. Soudain, je m'arrête et me retourne pour admirer l'immense portrait d'une jeune femme juste au-dessus de l'entrée.

— C'est Hannah Arendt ?

Jean-Luc opine de la tête et me sourit. Nous longeons une interminable bibliothèque puis un espace salon pour rejoindre son bureau qu'une large baie vitrée baigne de lumière. Sur la grande table de travail se trouvent un tas de photocopies, de livres, de feutres, de Stabilo de toutes les couleurs et... sur un coin de la table, mon livre *Déclassée*. Je n'en reviens pas. Je fais mine de ne pas le remarquer, mais au fond de moi je suis fière.

Ma vie depuis quelques mois est un étonnement, une fête. Je suis si nerveuse et heureuse à la fois ! C'est une belle difficulté.

Jean-Luc me parle du déroulement du tournage. Une éternité. C'est de nouveau Godard qui me parle doucement. C'est très impressionnant. Sa voix grave, claire, est déjà une destinée cinématographique à elle seule. J'entends des images. J'écoute des couleurs. Il me contemple de ses yeux fixes. Ils expriment une explosion de choses, des plans que l'on n'a pas l'habitude de faire au cinéma. J'ai beau être intimidée, je suis naturellement disciplinée ; je sais qu'il filme différemment. *Ici et ailleurs*, *Des choses comme ça*, *Comment ça va*.

Tout va bien. Ma concentration se brouille. C'est concevable dans le monde anarchiste de Godard. En l'écoutant parler à Fabrice d'éléments techniques qui me sont totalement étrangers, comme lumière, plan, cadrage, micro, structure d'ensemble, sans trop le savoir, j'assiste aux derniers préparatifs du tournage. J'entends aussi les mots *thème* et *scénario*, plusieurs fois. Je reste une bonne heure environ. En face de moi vient s'asseoir un Jean-Paul agité, stressé. Il me fait un signe pour savoir si je vais bien. J'acquiesce en silence, machinalement. Ce que j'observe me fascine, m'oblige à mieux connaître le sujet, ma partie, l'équipe qui va m'assister et qui, je le vois bien, représente bien plus que de simples assistants pour Jean-Luc. J'entends de nouveau *faire le scénario*. Il n'est donc pas totalement « écrit ». Tout à son image godardienne : peu conventionnel. Il faut prendre l'action avec ce que l'on dégage, son bordel, ses reflets, ses cicatrices, son histoire. Je suis arrivée perdue.

Je vais me retrouver riche. Pas de trompe-l'œil ici. Pas d'imitations non plus. Juste du réalisme, de la vérité, avec de la lumière et du mouvement. De la puissance photographique et beaucoup de mémoire issue de bouquins d'histoire. Sous mon nez, je lis la force de deux ou trois citations étalées sur la table… Et n'en tire pas toujours leur sens profond. Mais j'avance, chargée, exaltée par le travail de Jean-Luc Godard, dont la source m'apparaît encore floue, vertigineuse. Qu'importe ! Il en parle avec brio. Il le manie à son gré. J'écoute, admirative, l'idée qu'il se fait de l'image, de tous ces sons, leur signification… Il y a là une charge démentielle. Beaucoup de révoltes en sourdine. Je pense de nouveau à Mai 68. Toute sa filmographie pense, traite de liberté, de justice. *Film Socialisme* va également en composer la théorie. J'ai hâte de commencer. Je suis plus que jamais inspirée. Je me sens prête. Je suis complètement éblouie, impactée par l'effet Godard. Je glisse un regard complice vers Jean-Paul. On doit y aller. Ça tombe bien. Jean-Paul est mon guide. Jean-Luc Godard m'a aveuglée, c'était conforme à une vue générale de la conception JLG.

Il me raccompagne à l'hôtel et repart aussitôt, direction l'aéroport. Cet homme a rarement une minute à lui.

Une fois dans ma chambre, j'en profite pour me détendre. C'est un rituel de tous les jours : je pose une serviette à terre pour faire des étirements et mes cinq cents abdos. Tout en songeant à cette journée exceptionnelle, radieuse et splendide. J'empeste le cigare. Je suis toujours avec Godard. Nous avons fumé ensemble. Cela ne me déplaît pas. Je respire au sommet d'un Everest, dans la transe de cet exil. L'aventure est enivrante. Que de trouble en moi ! Où suis-je, déjà ?

Ailleurs et à la fois ici.

Demain, je serai donc l'image et le son de cette mère imaginée qu'il souhaite façonner. Je l'incarnerai le moins pour qu'elle en dise le plus. Ou le contraire. Cela dépendra si, pour Jean-Luc Godard, demain est déjà une autre vie. L'impression pourrait s'élargir, les plans se répéter. Je serai à l'écoute comme une élève devant son maître. Être devant Godard, c'est être devant un tableau noir et une craie noire. C'est le rapport qui crée la lumière, pas l'histoire. Il y a de l'image quand ce n'est pas vrai, et du son quand c'est faux. Je répète, j'ai fumé une bonne heure avec Godard à *L'Aubaine* tout à l'heure.

Ça s'entend.

Ça s'entend aussi, ça : après lui, après un tel rapport, quel vide, la vie !

Le téléphone sonne. C'est Jean-Paul.

— Tu descends ? Tout le monde est arrivé.

— J'arrive !

Les autres acteurs sont là. Nous sommes heureux de nous revoir. Je fais la connaissance de « mon » fils, Gulliver Hecq, petite tornade blonde de huit ans, intrépide, drôlissime, fils en réalité de Douchka, en charge du casting.

— Allez, je vous laisse ! Je repasse vous chercher dans deux heures pour aller dîner, nous lance Jean-Paul.

Avant de nous quitter, il distribue à chacun un gros classeur rouge sur lequel sont marqués nos nom et prénom et qui contient les plans et les grandes lignes du scénario *Film Socialisme.*

– Commencez à le lire, à bien apprendre vos répliques. À tout à l'heure !

Et le voilà reparti pour une énième navette entre Nyon et Rolle.

Quand je retourne dans ma chambre, j'ouvre aussitôt le classeur et je découvre cette note de Jean-Luc Godard adressée à tous les acteurs :

Le 28 juillet 2008

Cher(e)s ami(e)s,

Pour appréhender le(s) texte(s) assez correctement, il y a plusieurs règles à observer (dans l'ordre) :

1 – Recopier le texte de chaque plan à la main
2 – Marquer le texte des autres avant le sien propre
3 – Apprendre le texte des autres
4 – Une fois su le texte des autres, trouver la et les places de son et ses propres textes
5 – Chercher différentes intonations chez les autres, puis chaque fois chez soi
6 – Ne regarder que les images/photos du plan et (sans se référer au texte) dire le plan sans lire les lignes écrites
7 – Une fois 5 correctement exécuté, se livrer à une occupation de routine (fumer, boire un café, manger un fruit, changer de costume, regarder dans le vague, prendre une douche, feuilleter le journal, etc.) et

rechercher le texte de chaque plan (autant d'occupations diverses que de plans) plus ou moins lentement tout en faisant autre chose en même temps (éviter de conduire une auto, ou de pédaler un vélo)

Amicalement, J. L

Après cette lecture, je me sens comme figée, pétrifiée. Il y a là une exigence professionnelle qui me semble au-delà de mes forces. La pression est montée d'un cran. Non, c'est trop me demander. Je n'y arriverai pas... J'essaie de me raisonner, de me calmer, de trouver une solution. S'il sait que je donnerai le meilleur de moi-même, ça suffira, me dis-je. Je tourne en rond dans ma chambre, respire un grand bol d'air par la fenêtre grande ouverte. Je suis profondément perturbée, me prends la tête entre les mains, relis la note de Jean-Luc et en viens à cette conclusion : non, je ne le ferai pas ! La raison est simple : je ne me vois pas recopier les textes des autres à la main ni les apprendre en plus des miens. Je ne suis pas actrice. Je laisse toutes ces consignes à mes camarades pros. J'ai déjà du mal à retenir mes textes, je ne vais pas en plus m'en rajouter d'autres ! Oh, et puis j'ai le droit de me planter, en fait ! J'essaierai d'être bonne et intègre. Advienne que pourra.

Deux heures plus tard, je rejoins l'équipe, l'esprit complètement dégagé.

Tous nos dîners se dérouleront sans Jean-Luc. Ce premier soir, nous le passons dans un restaurant italien de Nyon. L'ambiance est joviale, fêtarde même. Les boutades fusent entre Élisabeth Vitali, dont la gouaille parisienne est sonore, pleine d'humour, et Jean-Paul, toujours en verve, avec le bon mot pour nous faire rire et nous détendre. Il y a aussi les premières turpitudes du petit Gulliver, qui agrémentent le discours de chacun. Celui de mon « mari », Christian Sinniger, peu bavard en début de soirée, plus ouvert vers le milieu du repas, et celui de Eye Haïdara dont la stupéfiante beauté frappe, très directe, pertinente, mais subtile à chacune de ses prises de parole. Ce sont à partir de soirs pareils qu'on écrit des livres, une musique.

Je suis droite sur ma chaise, et ma peur s'échappe. Bon vent. J'ai une bande de copains devant moi, avec moi, pour demain aussi, puis après-demain encore. Ce soir, je suis bien, je me sens portée ailleurs. Je ne mange pas trop. Ce n'est pas grave. En commandant ma pizza, j'ai oublié de la demander sans la tonne de fromage qu'ils servent avec. J'en fais une boule que je mets de côté. Une manie de joueuse professionnelle...

— T'en veux pas ?

Hop ! Engloutie par Élisabeth. La familiarité est déjà notre rapport à tous.

Rolle me redonne de l'importance et m'ôte l'amertume du monde. En huit ans d'équipe de France, je n'ai jamais ressenti le moindre goût de vivre. Juste du temps perdu consacré au triste jeu rendu par des gens uniquement intéressés par leur statut. Les copains ont versé leurs rires sur mon droit à la vie.

L'étonnant de l'existence est une entrée, un cigare, une envie, un plat, un geste. Je sais que je n'ai plus le temps de tergiverser, que c'est maintenant qu'il faut vivre et bien vivre. Nous finissons notre café, puis reprenons le chemin inverse. 22 h 30. Le temps est vite passé. Le silence du soir tombe déjà. Les visages sont fatigués. Demain, c'est jour de tournage. Le tout premier.

— Allez, je vous souhaite une bonne nuit. Je passe vous prendre demain à neuf heures. Bises à tous ! nous lance Jean-Paul dont les traits sont vraiment tirés.

Ce fut une longue journée, chargée à tout point de vue.

7

Tournage I

Nous arrivons sur le lieu du tournage à 9 h 15. Jean-Luc est déjà sur place avec ses assistants techniciens, qui sont en train de préparer les derniers réglages. C'est une petite équipe de trois personnes. Il y a là Fabrice, le régisseur du son François Musy, un homme discret, adorable, et Jean-Paul. Ce matin, il fait encore bon. Plus tard dans la journée, il fera vraiment chaud. Le tournage de notre partie, « Les Animaux », se tient dans un garage perdu entre Rolle et Nyon. Une chose est sûre : nous ne serons pas ennuyés ni entourés de badauds.

Le propriétaire du lieu nous accueille avec beaucoup de gentillesse, puis nous désigne une grande pièce qui deviendra notre espace de repos, où nous prendrons notamment nos repas. Nous nous y installons. Jean-Luc, suivi de Fabrice et de François, vient nous saluer. C'est désormais un JLG très concentré qui se présente à nous. Il ne s'attarde pas et se tourne vers moi avant de sortir : je suis désignée pour la prise de la première scène, celle où la mère doit dire le texte qu'il m'a personnellement envoyé et qui n'est pas une citation ordinaire.

— Nous commençons dans cinq minutes, me précise-t-il.

Oh, la concentration, la propulsion émotive ! Je dois jeter des regards un peu éperdus car je me sens pâlir. J'ai le souffle coupé. J'aspire de grosses bouffées d'air. À cet instant, je suis dans ma bulle, les autres n'existent plus. Et me voilà partie à réciter vingt fois mon texte en trois minutes, je bute sur des mots bêtes et méchants, soit en les oubliant, soit en les prononçant mal. C'est affreux ! Jean-Paul vient me chercher. C'est maintenant. Mes camarades me glissent : « Ça va le faire, allez Cathy ! » Gulliver et Marine sont également appelés. Mais pour quelle intervention ? Ce n'était pas prévu dans le scénario… C'est fou de se retrouver si vulnérable et dépossédée de ses capacités en quelques secondes !

Je rejoins JLG qui me parle bas comme si nous étions dans un sanctuaire. Il y a de la douceur dans sa voix. Cette douceur est une marque de délicatesse à mon égard depuis le 3 décembre dernier. Je reprends un peu de couleurs. Il me place à l'endroit précis où il a collé un bout de scotch orange par terre. Je ne dois pas bouger de là. Mentalement, je suis déjà raide morte, donc me tenir là, immobile, me va royalement. Dans ma tête, ça carbure. Je récite mon texte comme une damnée.

— Vous êtes prête, Catherine ?

J'opine de la tête.

— On y va. Action !

Juste avant mon départ pour Rolle, il m'a écrit : *N'hésitez pas à demander à Jean-Paul Battaggia ce dont vous auriez besoin.* Où est-il ? La lumière est faible, seul le projecteur est sur moi. Je ne vois plus Fabrice derrière sa caméra. On ne voit rien, d'ailleurs, dans ce garage tout assombri. Il commence à faire chaud. Je transpire abondamment. JLG attend. Il attend de créer ce qu'il n'a pas encore - une image de la Mère que je dois mettre au monde. Je me lance :

— « Il y a un personnage, celui de la Mère, à qui il n'importe nul... »

— On coupe ! Catherine, vous avez oublié « à qui, *par contre*, il n'importe... », etc. Allez moins vite, ça va aller. On y va ! Action !

— « Il y a un personnage, celui de la Mère, à qui, par contre, il n'importe nullement d'avoir une vie, si l'on considère le fait d'avoir une vie comme une... »

Blanc. J'ai un blanc.

— On coupe ! Ce n'est pas grave. Reprenez depuis le début.

Il m'impressionne... Il ne le sait pas. Tout m'impressionne ! Je suis confusément ennuyée, malheureuse de me planter à ce point. Je le lui dis.

— C'est normal, ne vous inquiétez pas. On reprend. Action !

Je tiens cette fois le texte jusqu'à la moitié, puis ma langue fourche sur un mot. M... ! J'y étais presque, pourtant.

— C'est mieux, vous allez y arriver... On recommence ! Action !

Cinquième prise. Je passe le mot en question et... re-pioche. Je ne m'y attendais pas. Sur la commande de JLG, les enfants me coupent intentionnellement la parole en me criant dessus : « Maman ! Maman ! » Ils doivent le faire dès qu'ils entendent une voiture passer devant le garage.

— Surtout ne vous arrêtez pas, continuez quand même ! me lance-t-il.

Facile à dire... Je recommence, je transpire comme un boxeur. Je me sens engoncée dans mes vêtements. Je respire difficilement. Que me reste-t-il ? Plus grand-chose à dire. Je suis banale à mourir, à périr, pas du tout actrice pour un sou. Je reprends et fais semblant de ne pas entendre les appels de mes *Enfants terribles*, et je parviens à tout sortir ! Les mots sont dits. J'attends le verdict du maestro.

— Très bien !

L'air repasse dans mes poumons. Je m'éponge machinalement le front. Le visage de Jean-Luc est celui d'un ami, doux, rassurant. C'était la septième prise... Fabrice, tout sourire derrière sa caméra, me fait signe que c'était OK. Son sourire est comme une délivrance.

— On en refait une petite dernière, juste pour le plaisir, Catherine ? me lance alors JLG.

Je pensais en avoir fini, pouvoir passer la main à mes camarades, aux vrais acteurs du film... L'air faussement dégagé, je lui réponds :

— Oui, bien sûr !

Il me laisse choisir pour cette huitième. Il y a une adrénaline extraordinaire qui traverse ses yeux quand il s'apprête à dire « Action ! ». Je suis la brèche par laquelle peut passer une ivresse, ou pas.

Clap et fin. Lumière !

C'est donc ça, la vie d'une mauvaise actrice : on se trompe une demi-heure et puis après on y arrive.

Quand je retrouve mes camarades, je suis en totale décompression. Je redescends sur terre. C'est au tour de Christian. Je le vois partir comme s'il allait à l'épicerie du coin. Il ne présente aucune tension. Bien que son texte ne soit pas une citation, il est trois fois plus long que le mien. J'ai envie de découvrir à quoi ressemble un vrai acteur. J'écoute sa première prise… Quelle démonstration ! C'est fluide, pas une faute. Tout est passé. À croire qu'il a vécu toute sa vie dans un garage ! C'est bluffant. En deux prises, tout est dans la boîte. Cela a demandé trois minutes. Quand il nous rejoint, je lui témoigne aussitôt mon admiration. Et ce sera la même chose avec Élisabeth et Eye. Voilà pour les pros.

Me planter n'est rien ; il faut ne pas décevoir JLG, lui donner ce qu'il attend de moi, éviter les sempiternels « On y va ! Action ! ». Ses attentes me terrifient : il doit beaucoup m'apprécier pour se montrer si patient. Son travail ressemble à celui d'un impressionniste. Filmer dans un garage, dans un atelier ou un hangar, franchement, il y a mieux comme endroit.

Pas pour lui qui, à soixante-dix-huit ans, n'hésite pas à s'allonger par terre pour vérifier si la lumière est bonne. J'imagine qu'il capte des choses sous la simplicité de nos manières. Appelez ça *justesse*, *maladresse*. Son œuvre doit vaincre. En tennis, les maladresses ne passent pas. Seule la justesse vous apporte la victoire. Cette abnégation vous récompense. Au cinéma, les maladresses donnent à voir des émotions. Sans doute JLG trouve-t-il son compte dans ma panique. À l'évidence, ça ne lui déplaît pas de me voir très déstabilisée. L'intervention subtile mais inopinée de « mes » enfants en était la preuve.

Il est en réalité un joyeux trouble-fête.

JLG, c'est aussi le temps de vivre. Une fois les prises de la matinée dans la boîte, il se joint volontiers à nous pour déjeuner de mini-sandwichs que Jean-Paul va chercher par cartons à la boulangerie-pâtisserie de Rolle ; lorsque nous nous y rendons nous-mêmes, nous partons sur de franches rigolades. Il trouve plaisir à nous balancer des blagues que nous ne comprenons pas toujours. Nous nous regardons les uns les autres, ne sachant jamais si c'est du lard ou du cochon. Il aime jouer de notre trouble général. Je ne sens pas de mépris. C'est drôle et souvent intelligent. Bien plus enrichissant qu'une visite aux Beaux-Arts ! Il est fondamentalement joueur, au sens *farceur*. Mieux, il s'amuse des silences que causent ses plaisanteries, pour voir comment nous allons nous en sortir. Ce qu'il observe la plupart du temps est notre radicale impuissance. Et pendant qu'il agit tel un prodige agile et comique, nous nous abreuvons de ses paroles. Puis en ce premier jour il nous quitte, car il doit bosser sur son scénario.

Nous rentrons à l'hôtel avec Jean-Paul.

— Détendez-vous, nous dit-il. Allez vous promener dans Nyon. Je vous retrouve à quinze heures à la réception de l'hôtel pour vous donner vos répliques de demain.

Après m'être un peu reposée, je sors me balader. Et tandis que je découvre la ville, je continue de songer à JLG, à ma prestation du matin, comment j'ai été écrasée par sa personnalité, par ma propre peur, avec déjà plus d'acuité, moins d'innocence. Je n'aime pas jouer, c'est un fait, mais j'aime le personnage Godard, son regard mobile d'écureuil, son approche artisanale du travail, sa méthode simple, humaine, de m'encourager afin d'obtenir de moi ce qu'il peut, même si je n'ai pas le talent pour le contenter. Ce matin, il ne m'a rien demandé. Il m'a juste laissée jouer à l'actrice, avec ce que j'ai de plus remarquable très certainement : mon contre-emploi.

Avant de nous laisser, Jean-Paul nous a remis à chacun une somme, sorte de per diem qui représente bien trop d'argent. N'ayant pas de grands besoins, je n'en fais pas grand-chose. Je suis simplement heureuse de ne manquer de rien et d'inspirer des choses à JLG. Quinze heures approchent. Je reviens à l'hôtel pour notre rendez-vous.

Dans le salon de la réception, je retrouve mes camarades. Jean-Paul est déjà là.

— Bien reposés ?

Tout le monde acquiesce en chœur. Puis il nous distribue quelques feuilles reliées.

— Voici vos répliques pour demain. Vous verrez, Jean-Luc en a modifié quelques-unes.

Je vois mes partenaires attraper leurs feuillets comme s'ils avaient reçu un courrier. Pour moi, la perspective de changements, c'est plus compliqué.

Je remonte dans ma chambre avec mes nouvelles pages et commence par mon rituel de joueuse. J'ouvre la fenêtre en grand et je procède à une bonne demi-heure de gym au sol. Ensuite je passe aux devoirs, l'esprit gonflé à bloc, comme l'élève prodigue quand il entend son maître lui dire tout le bien qu'il pense de lui.

Finalement, ce ne sont pas les changements ou les rajouts qui m'inquiètent, mais plutôt la confiance que JLG m'accorde. Sorte d'excitation réjouissante, joie de vivre immédiate avec une envie décuplée de le réjouir à son tour au plus vite. Je m'attelle donc au travail consciencieusement. C'est du Godard, quand même. L'effort se plie aux répliques et même s'étonne de les voir si courtes. Chaque nouveau mot que je découvre, je le souligne pour bien m'en souvenir, opère des collages aux lignes qui me concernent. Rien n'est banal parce que tout m'est plus difficile. Vite assimiler les dernières aspirations de JLG. Je ne détache pas mon regard du texte. Ma concentration est extrême. Ma chambre embaume les senteurs de l'été. Odeurs ! Ferveur ! Qu'il fait bon, ici ! Je respire un grand coup, je quitte ma chaise, légère, soulagée. Après une demi-heure, je suis rassurée de les savoir par cœur. Ainsi cette peur du début devient-elle moins envahissante quand je retrouve par la fenêtre le calme du lac, la profondeur de son horizon et, sur l'autre rive, ces petites propriétés minuscules, la sérénité de mon sanctuaire et l'inconnu que je redoutais tant à Paris, voici quelques mois.

Je vis et ne survis plus, pour une fois.

*

C'est un nouveau jour. Cette fois, le tournage est plus à ma portée. Jean-Luc est toujours à la tâche, à l'affût de la moindre trouvaille. C'est un chasseur qui traque des choses comme ça, qu'il regarde passer ou pas, une mouche, une vie, une erreur, de l'usure, un sens, une vérité, une passion, une piste morte, une occasion offerte, l'épreuve du temps, le temps de vivre, vite, mal, incessamment, sous peu, au désespoir, avec l'espoir de, de tout cœur, comme, je le vois bien, une source coule dans son cœur épris. C'est un JLG animé, en pleine effervescence créatrice ce matin. Nous restons silencieux pour ne pas déranger le maître qui s'apprête à peindre son décor. Nous nous tenons à l'écart comme des soldats fiers, fin prêts à répondre à toutes ses exigences.

En entrant tout à l'heure dans le hangar du garage, l'odeur de l'essence, des huiles mêlées à la poussière crasseuse m'a saisie davantage que la veille. Le sol luit par endroits. C'est là que plusieurs scènes vont être filmées, que JLG trouve le meilleur stimulant. Sa créativité a des odeurs surprenantes. Vivre ou filmer. Le cinéma de Godard veut dire se salir aussi. La crasse ne le gêne pas. Il veut de ce soleil-là, et des inconvénients humides et forts qui vont avec. C'est là toute sa force dans cette obscurité.

JLG passe nous voir dans notre espace et nous salue individuellement. Il est chaleureux comme à son habitude. Il y a dans son bonjour toute sa douceur et toute sa confiance. Il discute un moment avec nous, cherche à savoir si nous allons bien. Puis il désigne trois acteurs pour la première prise. J'en suis. Je n'ai pas peur, je ne serai pas seule. Je dois suivre un dialogue et lancer mes répliques à mes camarades quand ce sera mon tour. Fabrice et François nous accueillent tout aussi adorablement. Jean-Luc redevient Godard, nous suggère de nous placer à tel endroit, de nous déplacer vers tel autre quand nous dirons certaines choses, puis lance « On y va ! Action ! ». Et nous voilà repartis.

Les scènes s'enchaînent plutôt bien. Je ne suis pas trop mauvaise. Élisabeth me rassure quand elle joue tant cela paraît facile. L'assurance de Christian me bluffe. Mes

Enfants terribles sont bons, ce qui m'encourage. Nous nous donnons la réplique et tout se passe idéalement aujourd'hui. Cela fait trois jours que nous nous côtoyons et cela se voit à notre manière de jouer. Nous devenons plus complices. Nous nous appartenons. Nos repas se passent dans la joie. Chacun raconte des histoires de tournage. Moi qui n'en ai pas, je découvre leur univers, et c'est un régal.

Ce soir, Jean-Paul nous rapporte une anecdote sur Jean-Luc. Un jour où il l'avait conduit chez sa compagne, Anne-Marie Miéville, alors qu'ils étaient garés devant chez elle, Jean-Paul a vu Jean-Luc sortir du véhicule et se présenter devant le portail, qu'il a poussé mais qui ne s'est pas ouvert. Il a poussé de nouveau, s'est acharné de plus belle, s'agaçant, s'énervant cette fois. Depuis sa voiture, Jean-Paul secouait la tête et se marrait. Voyant le cinéaste s'exciter plus violemment sur ce pauvre portail, il a fini par sortir à son tour et s'est posté à ses côtés. Alors il a tiré, et la porte s'est tranquillement ouverte. Jean-Luc, gêné, s'est engouffré derrière en poussant un léger grognement, puis a disparu.

Nous éclatons de rire. Tous ces petits moments partagés nous rapprochent considérablement. Si bien qu'en ce troisième jour, je me lance dans un petit tour de magie, mon fameux coup du cure-dents et de la serviette. Qui semble les ravir et rend Jean-Paul fou de curiosité.

*

Au petit déjeuner, mes camarades et moi nous croisons plus ou moins.

— Bien dormi, ma Cathou ?

— Plutôt bien. Et toi ?

Élisabeth a les cheveux brouillés et les yeux un peu gonflés ce matin. Nos tasses fument entre elle et moi. J'avale quelques mini-brioches que je tartine de miel. Plus loin, il y a Gulliver avec sa maman, la tête plongée dans son grand bol de chocolat chaud. La salle donne sur de grandes fenêtres. Élisabeth va se resservir au buffet. Elle a un appétit de sportive. Le café embaume la pièce, la lumière dépose quelques rayons sur nos couverts, sur notre table, sur celle de Christian qui vient tout juste de faire son entrée.

— Vous allez bien, les filles ?

Ce n'est pas un bavard, Christian. Il s'installe, dépose son journal, puis part se servir à son tour au buffet. Ses yeux sont grands ouverts. Il paraît toujours détendu. Et Eye ? Tiens, la voici ! Très féline, toujours captivante. C'est une instinctive. Elle aurait pu faire de l'athlétisme. Elle a choisi la comédie. Il fait beau. Le ciel est immaculé. Nous parlons de tout et de rien.

Cela fait deux heures que je suis debout et Jean-Paul vient nous chercher à neuf heures. Ainsi la vie de comédienne s'organise-t-elle bien sagement ; de mon côté, je tâche de conserver mes habitudes de joueuse : me lever trois heures avant un match. En l'occurrence, ici, avant le premier clap de JLG.

Je n'oublie jamais d'emporter avec moi quelques barres protéinées que j'ai ramenées par boîtes entières de France, car je souffre d'un ulcère qui peut provoquer une crise vagale si je me surveille mal. Par trois fois il s'est déjà déclenché et seule une barre peut le stopper net. Comme je m'alimente comme un oiseau quand j'ai la trouille avant chaque scène, je suis très attentive à lui. C'est mon adversaire.

Une fois sur le lieu du tournage, je n'ai plus le contrôle ; JLG devient notre chef d'orchestre. Je me débrouille à sa guise, et parfois j'échoue. Alors je recommence. On voit que quelque chose le gêne. Gentiment, il me fait refaire la prise. Et il me sourit. C'est sans doute le résultat espéré. Puis nous enchaînons sur une autre prise.

— Vous marchez tranquillement jusqu'ici et puis vous dites votre réplique.

J'opine de la tête.

— On y va ! Action !

Je me lance en marchant, comme il m'a dit de faire, à travers le garage qu'un demi-jour seulement éclaire.

— On coupe !

J'ai finalement marché trop tranquillement.

Puis c'est une petite scène avec Gulliver.

— Action !

Hyperactif, naturellement bavard, le jeune garçon va trop vite et oublie une ligne.

— On coupe !

Je lui fais un clin d'œil. C'est la fin d'après-midi, la journée a été longue pour lui. Il ne lâche rien, il veut devenir acteur quand il sera grand. Son regard bleu est rusé, me nargue avec une puérile malice. On reprend. Il me surclasse. Sacré bonhomme !

— Qu'est-ce que tu manges, là ? me crie Eye.

— Des barres protéinées. T'en veux une ?

— Beurk, non ! Tu vas me tuer ! Empêche-la, Christian ! Je veux vivre, moi...

Fou rire général. Jean-Paul vient nous chercher, Eye, Marine et moi.

— À vous, les filles.

Nous rejoignons JLG pour une scène à l'extérieur du garage.

— *Yes !*

C'est un cri de joie que laisse échapper Eye. Elle préfère jouer dehors. Marine montre un peu d'anxiété, comme moi. Ma bouche est sèche. J'ai oublié de boire après ma barre protéinée. JLG nous place le long d'une rangée de vignes, à dix mètres du garage.

— Vous regardez la caméra et vous dites vos répliques.

Elles ne sont pas trop longues.

Eye, quant à elle, doit tourner autour de nous, caméra à l'épaule, faisant mine de nous filmer. Elle se tient prête depuis un moment, vacille d'une jambe sur l'autre, la caméra lui pèse. Elle regarde vers le ciel, puis réajuste ses lunettes de soleil. La température monte.

— On y va ! Action !

Marine et moi sommes placées épaule contre épaule. Cette proximité pourrait nous gêner. JLG veut peut-être saisir notre pudeur. Mère et fille échangent des paroles. Le pouvoir n'est plus seulement à la mère. La question est résolue. La fille commande, impose sa supériorité également. Eye se marre derrière la caméra. C'est simple, facile à vivre. Pas à jouer. Mais JLG est content. Sans doute venons-nous d'être meilleures toutes les deux. J'ai soif.

La journée s'achève. Il est cinq heures passées. Le soleil cogne plus fort. Épuisés, nous sommes sur le point de rentrer à Nyon. Pas JLG ni son équipe. Ça parle *lumière*, *plan*, *cadrage*, encore. Pour les prochaines scènes ? En me dirigeant vers la porte, j'attrape des bribes de conversation... J'entends la voix lente de JLG, je le vois s'avancer, reculer, revenir vers un endroit du garage, se redresser, le dos sûrement courbaturé, le visage en sueur marqué par la fatigue et la chaleur. Il n'est pas près de rentrer. Sans doute le travail commence-t-il réellement pour lui, comme le champion de tennis revient sur le court après un match gagné ou perdu, pour retravailler ce qui n'a pas bien fonctionné.

8

Retour aux Petites-Buttes

Le lendemain, nous avons rendez-vous à *L'Aubaine*. Jusqu'à présent, nous avons joué avec nos propres vêtements de ville. JLG nous a demandé d'en apporter plusieurs pour les prochaines scènes.

J'arrive avec un sac dans lequel j'ai glissé un pantalon en lin, un bermuda beige, une chemise noire, une autre blanc cassé et une veste noire. Il me les fait tous essayer, me demande de marcher avec. Habillée à chaque fois différemment, je fais quelques pas jusqu'à la bibliothèque pour revenir ensuite vers lui. Il prend des clichés, puis les imprime.

— Le débardeur blanc et le bermuda vert que vous portiez en arrivant tout à l'heure, remettez-les. Nous allons tourner avec ça aujourd'hui.

— D'accord, Jean-Luc.

— Et mettez de côté le pantalon en lin, votre chemise blanc cassé, et venez également avec votre veste noire pour la journée de demain.

— Très bien.

— Ah, une dernière chose. Jean-Paul va vous donner de l'argent pour que vous alliez à Nyon vous acheter une robe de chambre, une jupe noire, un gilet en laine rouge et des ballerines noires.

Il m'a dit tout ça très naturellement. Jean-Paul a déjà sorti une enveloppe. Combien va-t-il me donner, cette fois ? Mille francs suisses ? Il me tend une petite liasse. Je fais un effort pour ne pas rire : c'est bien trop de billets ! Je suis gênée de les tenir dans ma main et n'ose pas les mettre dans ma poche.

Un peu plus tard, nous revoici aux Petites-Buttes, cette fois au domicile même de JLG, et ça me semble inouï. J'ai remis les habits avec lesquels je suis venue plus tôt. Nous avons changé de lieu de tournage.

L'appartement est au deuxième étage d'un petit immeuble. C'est avec le cœur battant que je gravis l'escalier. Je suis devancée par Gulliver qui monte trois marches à la fois comme s'il allait au parc d'attractions. Je secoue la tête et lui rends le sourire qu'il m'a adressé en me dépassant. Jean-Paul frappe. La porte s'ouvre. JLG nous accueille timidement.

— Je vous en prie, entrez ! nous dit-il, souriant.

J'éprouve un sentiment de malaise. Nous pénétrons dans un minuscule vestibule, contournons un imposant escalier de bois et nous retrouvons dans le salon qui fait également office de salle à manger. Sur la gauche se trouve une petite cuisine ouverte. C'est un duplex modeste, à peine meublé. Adossée au mur, une raquette de tennis Wilson est posée à la verticale sur une table placée en coin devant une fenêtre. Il y a des câbles partout, les projecteurs sont allumés et braqués sur la cuisine. Fabrice et François sont déjà prêts.

Tout est calme, comme si nous étions dans un sanctuaire. Il y a du mouvement, des sourires, nous parlons doucement. L'atmosphère se veut rassurante, pas austère. Les fauteuils ont été déplacés pour laisser place au matos professionnel. Concentré, JLG réfléchit encore pendant que nous nous préparons avec Gulliver, qui fait moins le malin. Cette scène, l'une des trois que je redoute, implique un dialogue entre nous tiré de citations. JLG nous sourit davantage ; la peur doit s'afficher sur nos visages. Terreurs enfantines qui expriment tant de choses... Mais le courage compense quand on laisse croire que l'on n'a peur de rien. Il ne nous presse pas. Il a tout le temps. Chaque petit bruit est entendu par tous.

Il est prévu que nous jouions en marcel blanc. Quand j'ôte mon sweat-shirt, je m'excuse d'exposer des épaules musclées. Je précise, non sans malice :

— Des restes de sportive de haut niveau...

— Oh, ne soyez pas gênée, bien au contraire ! me rétorque aussitôt JLG, amusé.

Les gars se marrent avec respect. Il fallait ce moment pour me détendre un peu. Jean-Paul ricane toujours dans son coin. Son rire est un manifeste apaisant contre ma trouille. Nous sommes prêts, Gulliver et moi. La scène se passe donc dans la cuisine. JLG nous place. Moi d'abord, contre l'évier dans lequel se trouve de la vaisselle sale - sûrement celle de son dîner d'hier qu'il n'aura pas eu le temps de nettoyer... - et le jeune garçon appuyé contre mon dos.

— Gulliver, tu te grandis et, de tes deux mains, tu essaies de lui caresser les cheveux pendant que tu lui donnes la réplique. Et vous, Catherine, vous faites la vaisselle pendant que vous récitez votre texte. Et à un moment donné, je vous ferai signe, vous allez vous retourner vers Gulliver qui continuera de vous caresser, cette fois sur tout le visage. Vous vous laissez faire, vous ne faites rien. Puis vous vous tournez, et vous finissez votre vaisselle.

Nous nous mettons en place. À cet instant, un détail me bouleverse. Je peux sentir le petit cœur de Gulliver cogner, galoper contre mon dos. Le savoir à ce stade si nerveux me perturbe beaucoup. Je suis la seule à le percevoir, et cela va forcément avoir des répercussions sur mon texte... Ça ne rate pas. Extrait. Gulliver se prénomme Lulu.

— On y va ! Action !

— (Lulu) « Madame, quels sont ces yeux nombreux qui dans la nuit regardent »

— (Mère) « Monsieur, soudain ceci soudain ceci m'étonne. Il... »

C'est le grand blanc dès la deuxième réplique. Il y a aussi un second écueil, et il est de taille, je le découvre en pleine action. Comme mon texte n'est pas constitué de propos de tous les jours mais de citations, je le perds dès que je me mets à faire la vaisselle. Alors que je le connais par cœur.

— C'est normal, me rassure JLG. Ce n'est pas naturel de faire ce que je vous demande.

Et le voilà en train de placer la copie intégrale de mes répliques sous mon nez. Il la scotche hors cadre. Dans le film, on voit bien que je lis quand je parle. C'était impossible de faire autrement.

Comme mon problème a capté l'attention de JLG, lorsqu'il relance « Action ! », le cœur de mon petit bonhomme court moins vite. J'en suis soulagée. Le dialogue redevient fluide.

— (Lulu) « Madame, quels sont ces yeux nombreux qui dans la nuit regardent »

— (Mère) « Monsieur, soudain ceci soudain ceci m'étonne. Il n'y a personne. Pourtant moi je vous parle et vous, vous m'entendez puisque vous répondez… Monsieur, à travers tout, quelles sont ces images tantôt en liberté et tantôt enfermées, cette énorme pensée où des figures passent, où brillent des couleurs ? »

— (Lulu) « Madame, c'était l'espace et l'espace se meurt »

— On coupe ! Ça va !

Gulliver a été particulièrement émouvant, et moi, un quidam qui a fait de son mieux devant l'un des plus grands cinéastes. Et je ne m'arrête pas en si bon chemin : je tiens à finir ma vaisselle.

— Laissez, Catherine, je vous en prie…, intervient JLG, gêné.

— Ah non, quand je commence quelque chose, je le termine !

Et l'épisode se clôt par un fou rire général.

9

Le lascar

J'ai quartier libre jusqu'à seize heures, heure à laquelle, avec mes autres camarades, nous devrions recevoir les prochaines répliques retravaillées. Cette soudaine liberté ressemble à une bouffée d'air pur. Il fait beau, il fait bon de vivre cette chaleur douce, accompagnée par le gazouillis des oiseaux. Je n'ai pas beaucoup mangé depuis ce matin, j'en profite pour aller me restaurer dans Nyon, flâner, refaire le plein d'énergie, m'acheter la fameuse robe de chambre, des ballerines noires. Je prolonge ce bonheur simple tant la peur lors du tournage de ce jour a été intense. Je suis soulagée de savoir cette scène, certes courte, derrière moi. Mon seul mérite est de connaître mes limites, de m'ajuster au service d'un impressionniste-réalisateur et à sa folle créativité. Cette expérience auprès de lui me rend intransigeante, splendide, abracadabrante. Je n'y suis pour rien. C'est lui qui invente. Et la peur n'est que le nom que l'on prête à une forme de bonheur, puisque c'est lui que je ressens. Je n'ai pas d'ami. J'ai JLG, et sa vision. Mon monde s'agrandit et j'en dévore l'univers.

Au moment où je repense à notre prestation mère-fils, mon portable sonne. C'est Jean-Paul.

— Tu vas bien ?

— Oui, pourquoi ?

— Bon, écoute... Manifestement, Jean-Luc n'est pas inspiré..., me dit-il en se marrant. Il me charge de te demander si tu veux faire un tennis avec lui.

J'explose de rire. J'aime ma vie et je vais l'aimer encore plus.

— Oui, bien sûr. Avec plaisir !

— Tu es loin de l'hôtel, là ?

— Non, à cinq minutes.

— Il passe te prendre dans une demi-heure, ça te va ?

Avant même de répondre, je presse déjà le pas.

— Parfait pour moi !

— Super ! Ah, une dernière chose. Je t'en prie, ne me l'achève pas, s'il te plaît...

Nous raccrochons, écroulés de rire.

Quand je rentre dans ma chambre, tout valse. Je jette dans un coin mes achats, sors mes vêtements de tennis. En deux minutes, je suis prête, m'étire le dos, les jambes. Je me façonne tout un monde, m'approprie le temps, la joie, cet été qui m'ouvre sa fenêtre. Ce sont des moments comme celui-ci qui animent les êtres mouvementés, mélancoliques, et exaltent leur vie intérieure.

Godard a ôté mes œillères, avec sa belle figure et son goût pour la poésie. On ne disparaît jamais. On revient toujours. Comme dans un tournoiement d'hirondelles, je retrouve doucement ma voie, reprends de la hauteur, mon envie de vivre.

Bien entendu, il est hors de question de faire patienter JLG, qui redevient Jean-Luc. J'attrape mes raquettes et file l'attendre dehors sur le parvis de l'hôtel. Peut-être n'est-il pas exceptionnel comme joueur, mais je me réjouis de pouvoir échanger avec lui, de le voir tout simplement jouer avec moi. Mes yeux sont neufs, mon empressement impatient, ma tête dans le brouillard. L'instant est incroyable.

Il arrive… Non, ce n'est pas lui. Si ! C'est lui, dans cette vieille voiture rouge ! Mon cœur bat plus vite, c'est con… Pourquoi ?

— Montez, me lance-t-il en souriant.

Je veux m'arrêter un instant sur ce sourire, pas celui de l'homme, doux et tendre, mais celui de l'enfant, qui est exquis quand il est heureux comme un gosse… Je m'installe dans la voiture.

Il a la délicatesse d'éteindre son cigare. Encore chaud, il gît sur le rebord du cendrier qui déborde. La cendre se met à voler un peu partout dès qu'il redémarre. La conduite est pépère. Nous roulons vitres semi-ouvertes. Les cheveux de Jean-Luc volent également dans tous les sens. Qu'il est drôle à voir. Instant de grâce unique. Je suis comme dans un film de Claude Sautet quand nous longeons les vignes verdoyantes. Je ne peux détacher mon regard de ce mouvant paysage qui me ramène à mon adolescence quand, avec ma mère et mon coach australien, nous traversions les vignobles de Bourgogne ou ceux du Bordelais pour disputer des « tournois de plage » et y glaner l'argent qui me permettrait de m'engager dans mes premiers tournois professionnels à l'étranger.

Pendant le trajet, nous en venons naturellement à parler tennis. Jean-Luc évoque un joueur dont il ne se souvient plus du nom.

— Il est très physique, et je suis surpris de ne pas le voir dans les trois premiers mondiaux…

Je l'identifie tout de suite.

— Vous voulez parler de Tomáš Berdych ?

— Oui, c'est ça ! répond-il, estomaqué.

— Vous avez raison. Il a les qualités pour le devenir.

— Alors pourquoi il n'y arrive pas ?

— Parce qu'il est déjà richissime, comme beaucoup le sont très tôt. Alors, pourquoi voulez-vous qu'il se donne plus de mal ?

Long silence. J'ajoute :

— Dans les années 1980 ou 1990, croyez-moi qu'il se serait bougé davantage, et l'on aurait vu un autre Ivan Lendl gagner un Grand Chelem.

Il opine doucement de la tête, puis, la parole prudente, il dit :

— C'est sûr… L'argent, aujourd'hui, ce n'est pas ce qui manque dans le tennis.

Nous voilà en train de discourir sur les raisons du non-règne du joueur tchèque dans le top trois. Et alors que je m'abreuve du charme qui nous environne, j'aperçois ce qui ressemble à un centre sportif, niché au milieu des vignes.

Nous arrivons au tennis-club de Rolle, tout à fait à l'image de Jean-Luc : calme, incognito et solitaire. Nous nous emparons de nos affaires et sortons de la voiture.

L'endroit est huppé, très propre, pas trop grand, bâti sous le règne du high-tech. Rien ne manque ici.

— Un café et une bonne tarte aux fraises avant d'aller jouer ? me propose-t-il spontanément.

— Volontiers !

Jean-Luc est aussi gourmand que moi. C'est un épicurien. Tout chez lui est si frais, si vivant qu'il ne sent ni son âge ni sa condition. C'est un homme libre de ses gestes, de ses membres. Il ne voit pas le côté sombre d'un corps. La déchéance physique n'est pas à l'ordre du jour pour lui.

Il y a peu de monde. Jean-Luc circule comme à la maison. Je le vois détendu, je me sens bien avec lui. Nous nous installons à une petite table. Une jeune femme se présente pour prendre notre commande. Tout cela existe en réalité, en version neuve, au fond de ma mémoire la plus romanesque. Je lui demande s'il joue souvent.

— Non, plus vraiment. Avant, si. Je jouais avec mon prof. Plus maintenant. Et vous ?

— Un petit peu, quand une opportunité se présente. Mais je vais davantage à la gym.

— Oui, vous paraissez très en forme.

— C'est vrai, mais j'ai perdu sept ou huit kilos de muscles depuis que j'ai arrêté.

— Ah ? Quand même... Et vous allez toujours à Roland-Garros ?

— Non. Sauf quand je sors un livre, car je dois me rendre à Paris pour la promotion, etc. Alors j'en profite pour y faire un tour. Et vous, vous y allez encore ?

— Non.

— Vous n'avez jamais voulu faire un film sur le tennis ?

— Si, à Roland-Garros. Mais ils n'ont pas voulu.

— Qui « ils » ?

— Oh ! La Fédé...

Je suis abasourdie. La FFT n'autorise pas Jean-Luc Godard à tourner un film à Roland-Garros... Bon sang ! Comme j'aurais aimé voir quelqu'un comme lui filmer *autrement* un match de tennis. Je cache ma colère soudaine. Je préfère hausser les épaules et en rire.

— Ah ! Vous aussi, ils ne vous aiment pas ! Décidément... Vous voyez, c'est pour cette raison que j'y vais moins souvent.

Il me sourit. JLG est trop poète pour plaire à ces « ils », les aigris, les envieux, les financiers. Voilà la caste crétine aux commandes du côté de la porte d'Auteuil ! *Jouisseurs fainéants, l'oisiveté dans la sécurité*, disait Céline. Se servir en premier, et toujours prendre tout pour soi ! La saveur, la grâce sont des mots désuets en France. France crépusculaire. France médiocre inspirée par le gris, la petitesse, le très suffisant. Rien n'est pire que la nullité chez certains.

Encore dans l'allégresse de mon émerveillement pour Jean-Luc, je reviens à nous, à nos tartes aux fraises que nous dévorons.

— Vous en voulez une autre ? me demande-t-il avec une pointe de malice dans les yeux.

J'ai compris, il cherche à m'alourdir avant notre partie, le lascar...

— Non, ça ira, merci. Mais prenez-en une autre si cela vous tente.

Le joueur Godard se lève. Prêt à en découdre avec Cathy la compétitrice. J'en souris d'aspirations les plus divines...

Les courts en dur sont en intérieur. Jean-Luc n'est pas parti se changer. Il a des balles neuves. Il est déjà en position. Je serre ma chevillière, mes lacets. Je sais pourquoi je le fais.

Nous attaquons les premières balles, et bien sûr nos niveaux sont incompatibles. Jouer dans l'axe pour lui est compliqué. Il n'y aura pas d'échauffement pour moi. Je dois déjà courir. « Ne me l'achève pas, s'il te plaît ! » m'a dit Jean-Paul. Facile à dire. Il veut ma mort ! Jean-Luc, qui a fait tomber la veste, joue maintenant en T-shirt rouge et en pantalon de ville et me fait aussitôt penser au personnage burlesque des *Vacances de Monsieur Hulot* de Jacques Tati. Je me retiens pour ne pas rire tant il est comique, habillé ainsi. Et d'ailleurs, en ai-je le temps ? Et vas-y donc, un coup ici, un autre là, puis un autre par là-bas, bien au fond. C'est moi qui cours. Jean-Luc veut me montrer qu'il joue super bien… même dehors ! Il joue bien, ça oui ! Mais ce beau jeu, c'est moi qui le lui donne, qui le lui permets. Toutes ces balles appuyées, jouées avec assez d'intensité, pas trop, juste ce qu'il faut pour qu'elles arrivent idéalement sur lui, plein centre, de sorte qu'il ait juste à s'appuyer dessus, bien en opposition, pour qu'elles repartent convenablement… Il ne le voit pas. Ou, plutôt, ne veut pas le voir ! Un quart d'heure qu'il me balade… Que je transpire comme si je jouais à l'Open d'Australie sous 40 °C… Même ça, il refuse de le voir, le bougre… Je monte au filet pour abréger les échanges, moins courir. C'est pire, il cherche direct le passing-shot, veut me voir m'étaler sur le court. Je tiens bon. Consulte mon dos. Il tient encore. Je n'ai jamais fait aussi bien jouer un adversaire de ma vie ! Mon jeu le motive, et je ris. Mon tennis l'inspire mieux que son scénario, je me marre de plus belle tandis que je manque d'étouffer… Respire, imbécile ! Je me parle à moi-même. Jean-Luc, lui, n'est pas du tout essoufflé. Je le ménage. Je réponds brillamment au souhait de Jean-Paul. Soudain, je vois un homme qui lui ressemble. Je vois un visage collé, le nez écrasé contre l'immense baie vitrée du club-house… C'est bien lui ! Il est venu vérifier le beau travail. Lui aussi rigole, me fait signe qu'il est super content.

Hier soir, lors du dîner, la mère de Gulliver, qui a bossé sur le casting du film, m'a confié :

— Tu sais qui devait jouer ton rôle ?

— Non, lui ai-je répondu, surprise.

— Juliette Binoche !

Sans blague… Heureusement pour elle ! C'est moi qui en bave pour elle et pour Jean-Luc ! Je suis très arrangeante. Dites, Jean-Luc, et si l'on prenait une pause pour boire un coup ? Il accepte volontiers, avec cette politesse à la fois timide et un tantinet jubilatoire. Je le vois venir… Je lui lance :

— Il est bien, votre revers slicé, mais un revers couvert pour le lifter un peu, c'est pas mal non plus. Vous ne voulez pas que je vous le place ?

— Oh ? Non, c'est trop tard maintenant pour changer ! me dit-il tout sourire, enchanté d'user encore d'un revers chopé qui flotte et arrose tout le court.

Dommage… Une petite leçon m'aurait permis de souffler un peu. Mais non ! Jean-Luc est impatient et se moque bien du battement de mes artères. Il a attrapé ma raquette pour mieux la voir. J'en profite pour préciser :

— C'est le même modèle que celui de Monica Seles, avec lequel elle m'a battue en huitièmes de finale à l'Open d'Australie, en 1991.

Il la regarde de plus près. Je prends la sienne, une Wilson Pro Staff, et lui lance :

— Un ancien modèle de Roger Federer… Vous l'aimez quand même, alors !

Sourire irrésistible… Impossible de savoir ce qu'il pense du joueur helvétique. Il refuse de m'avouer qu'il y a eu un temps où il l'a forcément apprécié ! Puis, sans mot dire, il s'éponge le visage dans sa petite serviette rouge délavée, boit un coup et le voilà reparti. Insatiable Jean-Luc !

Nous avons tapé la balle durant trois quarts d'heure. Il a un jeu classique. Il est pugnace, aime jouer à la volée, ne sert pas trop fort, mais plutôt placé. Il a dû être un bon joueur dans ses jeunes années.

C'est Jean-Paul qui me ramène ensuite à l'hôtel. Deux heures plus tard, nous le retrouvons à la réception. Il nous adresse à chacun un scénario retravaillé pour demain.

Ce soir, juste avant de m'endormir, j'imprime dans mon esprit ces deux mots : Vivre Godard.

10

Lumière d'août

Un après-midi, je me retrouve seule avec Jean-Luc dans son bureau – sans doute Jean-Paul est-il sorti faire une course. Dans l'autre partie de l'atelier, Fabrice est en train de visionner les scènes tournées le matin même. Je m'installe sur l'une des chaises et observe toutes les coupures de citations, images et autres feuillets photocopiés étalés en vrac sur la table. Je ne quitte pas des yeux ce patchwork. Jean-Luc est assis en face de moi, penché au-dessus de ses notes. Il en lit certaines, en corrige une de son stylo-feutre noir, puis la met de côté.

— Ces images, Jean-Luc, elles vous inspirent des citations que vous trouvez dans vos lectures, c'est ça ?

— Oui, des fois, puis des fois pas, ça dépend, me répond-il d'une voix lente et douce.

Je le vois se lever et se diriger vers sa gigantesque bibliothèque. Il incline la tête, attrape un livre, puis revient en me le tendant ouvert.

— Vous voyez, je fais comme ça.

Je regarde. Il y a là quelques passages soulignés et des paragraphes encadrés au feutre noir. Cela aurait pu être du Shakespeare, du Renan, du Kafka ou du Mann. C'est du Faulkner. JLG est en train de me montrer sa façon de travailler. Je feuillette le livre, je n'ai rien lu de cet auteur.

— Vous lisez tout un livre pour trouver une citation ?

— Non, pas forcément. Je lis vite fait, me répond-il avec un certain regard et un grand sourire.

Je suis là, devant lui, comme une élève écoutant son maître délivrer les secrets de son art. Il se déplace, prend quelque chose sur l'étagère, puis retourne s'asseoir. Il est très actif. J'ai envie que cela dure tout l'après-midi. Je suis à l'entracte d'une scène émouvante, dans les coulisses d'une création. Il y a de la hauteur dans chacun de ses gestes, dans chaque mot prononcé, une sorte de musique religieuse. Quelle chance j'ai, moi qui suis habituée à moins de grandeur ! Tout est unique.

Jean-Luc fume son cigare. Il a ouvert la fenêtre. À quoi bon ? J'ai très envie de fumer un cigare. Rien n'est fatal, tout est révolution.

Godard fait partie d'une *bande à part*. Dans mon monde, tout me ramène à la solitude. Ce monde est globalement décevant. Le sien n'emprisonne rien. Le vrai visage du monde, il est ici, dans *Film Socialisme*, dans le visage de la mère. De dénuement, elle éclate. *L'homme est lourd*, disait encore Céline. JLG est l'ami du rien par lequel il rend à une histoire sa beauté, sa lumière puissante. C'est brut, jamais misérable, toujours féerique, presque mystique. Godard est une fête à lui tout seul. Une sorte d'opéra en proie à un état supérieur. Son, image, légèreté. Fièvre exaltante du temps. Il est un loup des steppes. Sa clairvoyance sent les hautes herbes sauvages, la fraîcheur des vallées. J'étais la brume avant de le connaître. Je suis son cinéma, le lac Léman, toutes les odeurs de l'été. Ma vie n'a pas hésité, bien que ses besoins soient indécis. Vivre Godard. Je ne mets pas de point d'exclamation. Ici, le silence brille comme la braise de ses cigares, noblement. Godard incandescent. Grâce et silence sont les maîtres mots dans sa bouche. Je bois chacune de ses paroles, qui sont rares.

L'autre jour, il y a eu une scène remarquable. Nous tournions en extérieur, à deux pas des pompes à essence. JLG a placé Élisabeth debout contre un grand mur blanc sur lequel venait se refléter l'ombre d'une hélice géante positionnée sur le toit du garage. Je suis restée en arrêt devant ce jeu d'ombre et de lumière. Ce plan était un tableau de maître. Il y avait là toute son ingéniosité. Trouver l'émotion d'un cadre, dénicher la moindre poésie d'une situation banale pour en faire un moment de grâce.

Hier encore, lors du tournage, nous étions de nouveau en intérieur. Il a fait asseoir Gulliver sur un banc et lui a demandé de mimer un chef d'orchestre. Pour le mettre en condition et le stimuler, il a passé un morceau de musique classique à plein volume. Le son m'a fait sortir de notre salle de repos. JLG lui a donné quelques conseils concernant sa gestuelle. Et soudain, j'ai vu Gulliver agiter les bras dans de grands mouvements. On aurait cru que ce petit garçon avait été chef d'orchestre toute sa jeune vie ! En deux prises, tout était dans la boîte.

La créativité naît dans le chant d'un oiseau, une ombre, une fleur, un lac, un bruit, un mot. Nous avons perdu la solitude nécessaire au libre cours de nos instincts les plus primitifs. Abrutis que nous sommes par la civilisation.

Cela fait maintenant une bonne demi-heure que je suis à *L'Aubaine*. Fabrice passe nous voir, toujours affable, très souriant, s'adresse à Jean-Luc avec des termes techniques que je ne saisis toujours pas, puis repart à son montage, à ses visionnages. Cette autre partie de l'atelier est impressionnante. Il y a là des centaines de bobines de films rangées sur de hautes étagères. Tout le passé de JLG repose là. Rien de ce qu'il a réalisé ne se perdra.

J'entends quelqu'un arriver. C'est Jean-Paul. Il me ramène à Nyon. J'ai quartier libre pendant deux heures. Je repars me promener en ville. J'entre dans un centre commercial. À l'entrée d'une librairie, je vois un bac rempli de vieux bouquins. J'y plonge la main et en tire un au hasard. *Lumière d'août* de William Faulkner.

11

Tournage II

Entrer dans son personnage. Celui de la mère m'échappe. Je l'interprète sans savoir qui elle est vraiment. Elle existe *pendant*, mais toujours pas *avant* ni *après* l'instant où JLG lance : « Action ! » Lui seul la connaît bien. Je me contente de la faire vivre, c'est tout. Je suis son reflet, la façade en chair de cette mère. Je lui prête une voix, un corps et des fautes d'interprétation. Malgré ma maladresse, j'essaie de ressusciter un personnage sorti de son imaginaire, voilà le miracle !

Aujourd'hui, une tâche difficile m'attend : jouer une nouvelle scène avec Marine dans la salle de bains de JLG. Nous voici donc de retour chez lui, à l'étage cette fois. Entrer dans son intimité me dérange. Toute l'équipe est là et ça ne semble pas être son cas.

Marine et moi nous rendons compte que nous avons acheté la même robe de chambre dans le même centre commercial. Seule la couleur diffère. JLG est ennuyé. Qu'à cela ne tienne, je lui propose d'enfiler la sienne, que je vois justement accrochée derrière la porte de la salle de bains ! Embarras de JLG. J'insiste gentiment. Mais sa gêne semble sincère. J'insiste encore. Il refuse. Il est vrai que l'on parle d'un peignoir rouge usé, effiloché par endroits et totalement délavé. Et alors ? Je l'attrape. JLG a des airs de chien battu.

— Vous permettez ?

Il accepte avec une soumission de jeune homme cédant devant le besoin d'avancer. Je l'enfile. Elle est lourde, encombrante, je me sens complètement engoncée. C'en est comique. Cela fait rire aussitôt le reste de l'équipe. JLG finit par se joindre à nos rires. Nous tombons tous d'accord : on oublie. Et je reprends la mienne.

Mon angoisse revient et augmente. Je l'avais presque oubliée. Avec Marine, nous écoutons ses dernières recommandations. Tout va se dérouler dans la salle de bains. L'espace est restreint. Le début de la scène place Marine devant le lavabo, face au miroir, en train de se brosser les dents. Dans un murmure, JLG me demande de m'asseoir sur le rebord de la baignoire. La discussion mère-fille va commencer ainsi. Je n'ai pas grand-chose à répliquer. En revanche, pour Marine, c'est le plus long texte du tournage, et elle aussi montre de l'anxiété. Ma difficulté réside dans tous les regards que je dois effectuer lentement et de manière circulaire avec plusieurs arrêts sur la caméra de Fabrice, tout en donnant la réplique à Marine. JLG est à peine à deux mètres de nous. Je pourrais presque dire qu'il est avec nous tant il est proche. Il est calme, très concentré, nous parle tout bas, toujours très doucement. Le moment est solennel. Le silence perceptible. Malgré l'aveuglement de l'imposant projecteur braqué sur nous, je perçois chaque visage. Tous me sourient en guise d'encouragement. Cette bienveillance est un remède à notre trouille qui, à cet instant, est palpable.

Quand la scène démarre, Flo, le personnage de Marine, commence à se brosser les dents. C'est à la mère d'intervenir la première.

— Action !

— (Mère) « Conseillers généraux, c'est pas simple. »

Musique : A – Schiff – Beethoven (Sonate vol. 11-12) 1'12".

— (Flo) « Il n'y a pas d'élection simple, mère : il faudra un programme. »

Silence.

— (Flo) « ... Avoir vingt ans... avoir raison... quand votre gouvernement a tort... Apprendre à... »

Grand blanc.

— On coupe !

Sa jeunesse donne trop rapidement. Tout l'attendrissement de JLG l'amène à aller moins vite, à prendre son temps.

— On y va ! Action !

Nouveau brossage de dents pour Marine. Elle reprend son texte.

— (Flo) « ... Avoir vingt ans... avoir raison... quand votre gouvernement a tort... Apprendre à voir avant d'apprendre à lire, top cool. »

J'ai à peine le temps de l'écouter que c'est déjà mon tour ! J'envoie ma réplique.

— (Mère) « Ma pauvre, tu n'écoutes jamais... »

Musique : Symphonie n° 6 déjà entendue – 3'30".

— (Mère) « ... Et cependant, à son insu, voilà qu'elle avait déjà le pas décisif, voilà qu'elle... »

— On coupe !

Zut ! J'ai oublié de placer mon regard à l'endroit indiqué.

— On reprend ! Action !

Rebrossage de dents pour Marine. Je m'en veux… J'ai pris le TGV entre ma peur et mon malaise pour revenir cette fois calée afin de porter mes yeux aux choses de la vie et pas forcément sur les choses.

Mais à la prise suivante, je les pose mal, encore. Et m… ! Mon regard pioche, défaille en chemin, souffre de ne pas y arriver idéalement. C'est par ma faute que l'on recommence. Avec ma camarade, nous nous renvoyons la balle. Relavage de dents pour elle. Le tube de dentifrice de JLG s'amenuise à vue d'œil, cela provoque un fou rire général. Le sourire de Marine est éclatant.

— (Mère) « … s'avançait maintenant à travers un pays inconnu, hors frontières de son ancien paradis… seule… une autre que cette petite fille sans peur – Quelle était cette fraîcheur amère ? »

J'ai enfin donné à entendre la suite avec succès ! Après quoi, j'écoute les revendications de « ma » fille pour la cinquième, sixième, septième puis huitième fois, tout en promenant mes yeux aux endroits indiqués. J'ai quitté une existence qui m'obligeait à m'accrocher à une corde raide. Cette fois, la partie est créative, humaine, pas fracassante du tout. Avec Marine, nous jouons du Godard. Nous faisons preuve d'existence vraie en répondant à son scénario. Nous poursuivons l'enchantement qu'il nous crée. Je me fabrique des regards, des tonalités, j'entends les meilleurs dialogues, la plus belle réplique de Marine qui passe le cap des tempêtes.

— (Flo) « L'union parfaite de plusieurs voix empêche, somme toute, le progrès de l'une envers l'autre. »

Je m'étourdis savoureusement. Nous avons bien ramé toutes les deux. La mère que je ne serai jamais. L'autre, la magnifique, nous l'avons traversée à la barque, nous avons suivi les grandes lignes au tournant des mots délicats, au détour des vagues silencieuses. Et à l'approche des rivages brumeux, nous avons interprété la vie houleuse, boueuse, enivrante, que nous avait écrite Godard. Saison d'été dans ce Rolle discret, endormi, dans cet appartement minimaliste, tel un royaume où puiser la force de créer un ou plusieurs états de grâce.

— On coupe !

J'en suis encore toute secouée. Cette aventure me trouble.

Au moment où je suis sur le point de quitter les lieux, JLG s'approche. Ou plutôt Jean-Luc. Le timide, le pudique, s'avance vers moi prudemment... J'hésite entre l'extase et l'encouragement. Il montre des gentillesses de camarade de récré. Je ne sais lequel de nous deux doit sourire en premier pour appuyer ce que je vois venir : le reflet d'une demande irrésistible, d'un souhait impatient. Il me sourit amicalement, ce à quoi je réponds aussitôt affectueusement. Ce n'est plus le maître, mais un élève qui s'approche. C'est par cet élève que j'ai connu le « lascar ». Je m'en étais bien amusée durant trois longs quarts d'heure, la dernière fois. Avec sa manie de me faire courir. Je l'attends, merveilleusement... Et c'est du bout des lèvres, avec son air gêné, qu'il me propose tout bas :

— Voudriez-vous faire un petit tennis avec moi ?

12

Interlude tennistique

Il se rend dans ce club comme on va chez un ami et ses visites indiquent qu'il s'y sent comme chez lui.

Après être passé me prendre à l'hôtel, nous revoici donc pour un petit match entre *amis*. Nous nous attardons dans le rituel qui le précède en nous installant à une table pour une tasse de café et une bonne tarte aux fraises faite maison. Assis l'un en face de l'autre, nous parlons toujours de tennis ou d'autre chose, mais jamais du tournage. Il est bien plus bavard quand il est Jean-Luc. Je lui demande s'il regarde toujours autant de matchs à la télé.

— Oui, j'ai Eurosport. Je coupe seulement le son.

— Je fais pareil…

Et nous rions, la bouche pleine. Cette tarte est un vrai délice ; nous sommes comme deux gosses devant notre dessert préféré. J'ai plaisir à voir Jean-Luc décompresser, avec moi. J'en profite pour me gaver de calories car je maigris à vue d'œil depuis le début du tournage.

Son regard déjà malicieux avant notre partie de tennis annonce les prémices de l'hostilité à venir… Et je songe à mon envie de le corriger pour avoir de telles pensées belliqueuses à mon encontre. Je suis en train d'engloutir ma troisième bouchée de tarte lorsqu'une femme, soudain, apparaît devant nous. Je reconnais Anne-Marie Miéville, compagne de Jean-Luc et coscénariste de *Film Socialisme*. J'avale précipitamment ma bouchée, attrape ma serviette pour m'essuyer la bouche et me lève aussitôt pour la saluer.

— Enchantée de faire votre connaissance, Catherine, me dit-elle énergiquement.

— De même. Je suis très touchée de vous rencontrer, fais-je, émue et prise de court.

C'est une femme courtoise et délicate, raffinée tant dans son phrasé que dans ses vêtements aux tons clairs. C'est une belle surprise. Joue-t-elle au tennis, également ? Je le lui demande.

— Oh ! Non... Je fais un peu de gym de temps en temps. Cela s'arrête là.

— Pour le plaisir, donc.

— Oui, pas plus. Je viens davantage ici pour déjeuner avec Jean-Luc, cela change un peu. Et vous, comment se passe votre séjour ?

— Très bien. Je suis évidemment nerveuse, mais...

— J'ai eu de bons retours, soyez confiante ! me dit-elle en me couvrant d'un long regard expressif.

Jean-Luc acquiesce, souriant. Je dois donc l'admettre pour continuer à me faire confiance. Anne-Marie commande la même tarte aux fraises que nous.

— Vous êtes bien installée à Nyon ?

— Absolument, j'ai une vue splendide sur le lac, ma chambre est grande. Le personnel est adorable.

— Ah, tant mieux !

Elle interroge ensuite Jean-Luc sur des détails techniques. Peut-être est-ce au sujet du scénario. À cet instant, il n'y a pas de place pour moi dans ce dialogue qui appartient à leur univers. C'est du chinois. J'essaie de saisir sans trop y parvenir ce qu'ils se racontent. L'exercice m'amuse. Je m'épanouis dans ce libre échange artistique auquel j'assiste, dans la manière qu'a Anne-Marie d'évoquer leur travail. Je vois en elle une femme réfléchie, attentionnée, qui s'exprime facilement, très librement. Je l'écoute avec délectation. Elle parle doucement, comme Jean-Luc, et sa gestuelle est d'une élégance rare.

On va partout, on aborde les choses et les êtres trop vite. C'est bien dommage. Entre Jean-Luc et Anne-Marie, j'ai l'impression de vivre au ralenti. La vie est accostée de la plus délicate façon, sans rien forcer, comme l'on va à la découverte d'une ville inconnue ou à la rencontre d'un étranger. On prend le temps de goûter aux uns, aux autres, aux objets environnants. Rien n'est bâclé. Tout est précieux. L'inspiration ne coûte pas cher, elle est à la portée de tous. La rencontre avec Anne-Marie est certes courte, mais tellement belle et féconde. Je veux toujours garder en moi la lumière, la pensée en noce et la fleur du poète Godard de ce mois d'août 2008.

À Rolle, je vis sans effort, je suis en présence d'êtres respectueux, cultivés, libres-penseurs. Ils peuvent se taire, partir, revenir, vous aimer et vous quitter avec délicatesse. Ces gens-là me font merveilleusement vivre, me régalent humblement, m'inspirent le *savoir-vivre*. Les vêtements dépareillés de Jean-Luc pour aller jouer au tennis m'attendrissent…

Anne-Marie, assise à mes côtés, s'apprête à nous quitter. Je me lève d'un bond et nous nous saluons chaleureusement. Puis Jean-Luc et moi prenons le chemin des courts, sa mine est déjà sans équivoque.

Je me laisse naturellement malmener par le lascar, je me suicide sous ses coups mal intentionnés, jusqu'à l'extrême fatigue. Et j'en redemande ici, à l'abri de l'été, au milieu des vignes, dans les feuilles vertes du canton de Vaud, au tennis-club de Rolle. Je n'ai plus vingt ans, mais je m'en remettrai. Jean-Luc ne le sait pas mais j'use de mon expérience, je lui fais croire que je suis sur la défensive alors que je contrôle chacun de mes mouvements. Il voit là une désorganisation mais ce n'en est pas une, juste une mise en scène. Je cours bien. Plutôt pas mal. Adroitement. Et puis… qu'est-ce que ça peut faire ? Il joue comme Rod Laver. Je ne loupe pas mon entrée en lice : le faire jouer, bien courir, tout en le laissant me soutenir dans cet effort et l'emporter. Je dois finir raide morte, et lui, toujours en vie.

L'été est éblouissant. Après le feu des projecteurs, je crame sous les coups de Jean-Luc, essoufflée et rincée, c'est un honneur, et ce n'est pas Jean-Paul qui va s'en indigner.

13

Tournage III

Après huit jours de tournage, Jean-Paul nous apprend qu'il en faudra douze au lieu des dix prévus. Cette prolongation ne change rien pour moi, ni apparemment pour mes camarades. Nous sommes tous bien ici, bien avec l'équipe de Jean-Luc. Je profite de cette trêve qui m'autorise l'univers Godard. Les échanges avec lui, les sourires partagés, l'attendrissement de chaque instant sans le tracas de savoir de quoi demain sera fait.

Aujourd'hui, nous tournerons de nouveau au garage, d'abord en intérieur puis en extérieur. Il va y avoir du mouvement. Depuis le réveil, je pense à la scène de tout à l'heure. Elle est moins compliquée pour moi, nous jouerons en groupe. Dès qu'il y a Christian ou Élisabeth, je reste plus détendue. Tous deux me rassurent. Je lutte moins, tout passe plus facilement.

Nous retrouvons un JLG concentré, prêt ; on n'est pas à l'abri qu'il improvise, comme ça, au dernier moment, une petite chose qui lui traverse l'esprit. Le temps demeure son ami. Il est patient, pugnace comme Nadal sur terre battue, éblouissant, fulgurant comme Federer sur herbe. Il met l'image en musique, en nuance. Je ne comprends pas tout.

Ne pas chercher à comprendre. Je vois de grands moments se préparer, puis arriver. Avez-vous vu ? Tant pis. Moi, j'ai vu. C'est rapide. Peut-être un peu mystique. Mais ce « un peu » est tout à fait nouveau ! Pas ordinaire du tout. Pas académique, sans aucun doute. Que voulez-vous… Les autres n'inventent rien. Lui, tout. Et voilà la différence.

Je le regarde faire. Il nous indique où nous placer, comment se mouvoir, quel ton prendre. Il compose sous nos yeux et je suis de cette composition ! Je m'apprête à interpréter, mes camarades aussi. Tout le monde est présent pour ces scènes aux séquences multiples. Je suis celle qui va en faire le plus… B1, B2, B3, B4, B6 (dialogues), B7 (dialogues), B8 (dialogues).

— Action !

C'est parti. Je bouge comme Delon, avec ma veste noire. Je parle comme Delon, je m'entends le faire, je ne sais pas pourquoi, tout est fluide. Je m'adresse à Élisabeth comme si j'étais Delon. Je n'entends pas « On coupe ! ». Je dois répondre aux attentes de JLG, le plus précisément possible. Cette scène est la plus longue de *Film Socialisme*. Je continue sur ma lancée. Je suis très mobile. Il faut dire que JLG m'a bien entraînée tout hier. Je suis en jambes, comme on dit. Je pars, reviens sur mes pas, revirevolte sur mes pieds. Ce n'est pas volé ! Ce n'est pas du talent, non plus. C'est plus simple que ça, juste mille prudences et inventions de JLG. Mille attentions de mes camarades et de Jean-Paul.

En vérité, mon jeu est inexistant. Seul mon *je* ose dire aujourd'hui, entièrement, précautionneusement. Sans les autres, *je* n'ai rien. Sans une loi frappée de ces trois lettres, JLG, pas de lâcher-prise physique ni lyrique !

Il me l'a dit : « N'imaginez surtout pas après ce film devenir actrice. » Quatorze ans plus tard, je n'aurai rien joué d'autre. Et personne ne m'aura sollicitée pour un rôle, non plus. J'ai bien appris ma récitation sur la mère : *Elle n'a pas conscience, en somme, d'être un personnage : car elle n'est jamais, même pendant un seul instant, détachée de son « rôle ». Elle ne sait pas qu'elle a un « rôle »*. Il m'a dit aussi lors de notre premier entretien : « Qui vous demande d'être actrice ? Soyez vous-même. » Je me suis donc prise pour Alain Delon.

L'autre jour, à *L'Aubaine*, mes yeux se sont arrêtés sur cette citation photocopiée qui traînait sur son bureau parmi tant d'autres : *L'esprit emprunte à la matière les perceptions dont il fait nourriture, et les lui rend sous forme de mouvement auquel il imprime sa liberté.* Beauté littéraire que j'ai aussitôt écrite sur un bout de papier, pour ne pas l'oublier…

La passion veut dire : « Aide-toi, et aime-toi. » J'ai ressenti une grande détente après cette nouvelle journée. Une fascination. Et une grâce. Celle de ne pouvoir parler de Jean-Luc Godard, depuis ce film à Rolle, que du bout des lèvres, presque silencieusement. Par pudeur. Ou par assimilation pudique. Car depuis lui, la poésie perdure dans mon petit espace. Quand je me l'évoque à moi-même, maintenant qu'il n'est plus là, je l'appelle toujours Jean-Luc. Prénom fraternel. Quant à Godard, il restera universel pour l'éternité.

Le lendemain, je reçois un appel de Jean-Paul.

— Il est en mal d'inspiration… Il voudrait jouer au tennis avec toi.

Et voilà que Jean-Luc repasse me chercher à l'hôtel. Une demi-heure plus tard, nous reprenons la route du tennis-club de Rolle comme deux bons copains. Il se tourne vers moi avec son sourire le plus gourmand et me dit :

— On se reprend une tarte et un café ?

— Oui. On ne change rien !

14

Le joueur

Le tennis nous a apporté ce lien exclusif que je peux qualifier, sans exagération, d'amical. C'est grâce à lui qu'est née notre relation, disons, particulière. Je n'étais pas actrice et il a pris le temps de m'impliquer dans son travail. Il y a eu aussi le temps du jeu, donc celui du plaisir. Et sans doute cela aura-t-il été la partie la plus révélatrice de l'homme Godard...

Après deux parties, il m'apparaît évident que le tennis est davantage qu'un jeu pour lui. C'est un art de vivre, comme l'est son métier de cinéaste. Mais surtout, il aime viscéralement ce sport. Le gamin qu'il a été a-t-il désiré être un champion ? C'est en tout cas un vrai passionné. Il entretient un rapport presque amoureux avec ce sport.

C'est compréhensible. Bien jouer demande de l'intelligence et de l'agilité, un corps plutôt athlétique pour prendre un match. Il y a des contraintes avant de pouvoir se considérer comme bon joueur. Il faut de l'adresse et savoir bouger. Les qualités techniques et physiques sont déterminantes, les nécessités claires. C'est aussi un sport qui déjoue toute correction sociale à tenir. Dans le monde des joueurs pros, vous avez le droit d'être orgueilleux, autoritaire, provocateur, prétentieux, tout en témoignant un minimum de respect à votre adversaire. Au tennis, la seule limite, c'est vous. Vous êtes votre propre stimulant. Pour cela, connaissez-vous vous-même, et libre à vous de vous entraîner comme un professionnel pour espérer atteindre un bon niveau. Bien courir ne suffit pas sans une bonne technique, et vice-versa. Vous êtes le seul maître à bord, que ce soit pour votre organisme ou vos prises de décision dans chaque situation de jeu. Le tennis s'y prête car il s'agit d'un sport individuel. Tant que vous jouez bien, votre jeu vous procure du plaisir, stimule votre mental, améliore votre condition physique.

Et puis il existe un autre plaisir, plus élémentaire : faire courir l'autre, l'essouffler, l'énerver, le regarder lutter pour se ressaisir, reprendre la main en donnant tout ce qu'il a... C'est aussi de l'aventure humaine, une manière d'évaluer votre résistance. Cela en dit beaucoup sur la personne que vous êtes dans la vie courante.

Chez Jean-Luc, je vois un homme incarner peu ou prou tout cela. Son jeu est un dialogue social. Tout de suite il cherche à me mettre hors jeu. C'est un joueur malicieux, un grand enfant, un homme abîmé très animé, faisant du social avec son coup droit et son revers slicé, sa volée, usant d'artifices pour me tenir éloignée de la balle ; faisant du social aussi avec son corps, son jeu de jambes pourtant bien à la peine du fait de son âge. Tout son être n'a de cesse de m'envoyer des signaux clairs : me dominer.

Il a bien bataillé jusque-là. Je n'ai pas eu besoin de me battre trop. Juste de lui laisser croire que j'étais à la traîne. C'est pour cela que je n'ai pas souffert. J'ai joué, lui aussi.

Et pendant qu'il me mettait sur la défensive, envoyait de jolis coups, me déportant sournoisement, il ne m'a pas un seul instant humiliée, juste fort amusée. J'ai répondu par des frappes sélectionnées, bien placées, pour lui laisser l'illusion qu'il était tout le temps devant dans l'échange. Ce théâtre des opérations a produit l'effet escompté : prendre du plaisir ensemble. Ainsi, avec et contre lui, nous avons touché une dimension extra-sportive, humaine et universelle, entre deux êtres que tout pourtant opposait.

Cette nouvelle partie ne va pas être sans surprises. Quand il entre sur le court, c'est un Jean-Luc lent et fatigué face à moi. Fatigué par les dix jours de tournage, probablement. Il me semble mentalement épuisé, d'où son manque d'inspiration cet après-midi-là. Donc je le ménage en jouant moins vite. Ainsi, il y a moins d'échanges, et c'est toujours lui qui va à la faute en premier.

Je le sens moins fringant, moins lascar. Sans trop de vitesse dans ses frappes. Il tombe assis sur sa chaise quand il va boire, puis repart machinalement reprendre le jeu. Ce n'est pas le Jean-Luc des deux dernières fois. Son jeu a perdu de sa malice, de sa force habituelles. Je suis indulgente. Je ne presse rien.

Tiens… Jean-Paul et Eye sont venus nous voir jouer ! L'actrice tient la caméra que Jean-Luc lui a offerte tout à l'heure à la fin du tournage, celle avec laquelle elle a joué son rôle de camerawoman. Elle en profite pour nous filmer ! Jean-Luc lui sourit. La pression pèse doucement sur moi quand j'effectue la frappe suivante.

Mon coup droit part encore bien trop fort. En face, Jean-Luc se bat sans trop d'efforts. C'est un jour sans. Mon petit *bull* intrépide du premier jour, celui qui me faisait des misères par vacherie, me paraît au faîte de sa méforme, pareille à celle de mon labrador dans ses heures de grande paresse post-digestion. Il joue court, et souvent dehors.

Jean-Paul me regarde, je sais qu'il compte sur moi pour que je ne le fatigue pas davantage. C'est pourtant lui qui a voulu que l'on rejoue à ce jeu cruel qui ne pardonne rien, surtout pas la fatigue. Jean-Luc s'appuie sur mes balles pour ne pas utiliser trop de force… Mais l'absence de forme est flagrante aujourd'hui. Ses coups partent moins vite, portent moins loin. Et au troisième arrêt à la chaise pour s'hydrater, il me dit, résigné :

— J'ai mon prof de tennis qui voudrait bien jouer avec vous. Cela vous dit de taper deux, trois balles avec lui ?

— Bien sûr !

— Il a été classé à l'ATP.

— Ah bon ? Combien ?

— Oh, je ne sais plus… Dans les 1 000 ?

Je l'ai aperçu donner une leçon sur l'autre court, un peu plus loin. Voici qu'il arrive, tout sourire, la trentaine bien affichée.

Jean-Luc nous présente. Il est un peu intimidé. Il a tort de l'être. Je ne veux effrayer personne ici. C'est fini, tout ça !

Une fois qu'il sera installé au fond du court, je pourrai enfin montrer à Jean-Luc le jeu que je lui ai courtoisement épargné depuis dix jours ! J'ai prévu d'envoyer du lourd pendant un bon quart d'heure. Mais pas plus, car je n'oublie pas mes quarante-trois ans, mes kilos de muscles perdus.

Je sais qu'au-delà mes jambes et mes poumons vont très vite cramer.

Et hop, c'est parti !

La réplique est immédiate. Le bonhomme a du répondant. Tant mieux ! Il s'adapte aussitôt à ma vitesse. C'est un contreur. Je tape, ça revient aussitôt. Dès la première minute, j'entends Jean-Luc dire depuis son banc :

— Ah, quand même...

Une ancienne pro, quand il lui reste encore deux ou trois bonnes choses, ne se présente pas n'importe comment. La mémoire technique est encore là, les codes comportementaux aussi. Je joue un rôle, le mien cette fois, celui que j'ai tant de fois tenu. Cela fait cinq minutes. Je transpire déjà beaucoup. Mon partenaire répond à tous mes coups. Il y a de l'intensité, trop... Je ralentis le rythme en chopant mes revers pour neutraliser sa vitesse, et me donner de l'air. Il y a de l'élégance à le faire quand ils sont effectués sur un poignet bien ferme. Mon adversaire part un peu à la faute. Enfin ! Je respire. Ce n'est pas assez. Dix minutes que l'on joue. Je sens que je ne vais pas tarder à entrer dans le rouge. Il monte à la volée. J'envoie des missiles. Il montre des fautes techniques. J'en profite pour toucher là où ça fait mal. Il explose. Je viens à mon tour à la volée. Un secteur qui me parle... Je mets le paquet. Tout ce qui me reste d'aérien dans les jambes. Je bouge comme une danseuse. Tout s'accélère. Volées frappées, portées (déposées), arrêtées (amorties), smashs en ciseaux. C'est juste une démonstration. Pas le temps d'être modeste. La réponse se devait d'être immédiate.

Jean-Luc ne le sait pas : je suis cramoisie. J'arrête. Le show est terminé. J'ai bien planqué mon épuisement. Jean-Luc n'y a vu que du feu. Que du neuf avec du vieux. Pari réussi. Tirez le rideau !

15

Clap de fin

Diriger une équipe et des acteurs n'est pas simple. Suivre un scénario au pied de la lettre non plus. Il faut battre la mesure avec ses interprètes, donner des départs de scène et des claps de fin. Sans oublier d'imprimer sa patte à chacune des répliques. Cela fait douze jours que j'assiste aux expériences Godard. Avec sa formidable musicalité, son érudition des cadrages, son génie des plans, sa parfaite vision, il complète notre interprétation. J'aime ses excès, ses imprévus, ses nuances. Mais ce que j'admire le plus c'est la virtuosité, l'exubérance avec laquelle il a par exemple exposé Gulliver tel un chef d'orchestre. J'y ai vu de la grâce mêlée à de la gravité. JLG tutoie la perfection, la politique, les touche avec passion, marche, danse avec l'éternité. C'est un astre sidéral, une conception furtive, une figure giratoire qui s'éclipse pour ensuite disparaître. Exotique à souhait, boulimique inégalable, engagé inclassable, entraîné pour élargir sans cesse son répertoire. Si notre jeu à tous est entier, l'engagement de JLG est, lui, total. Indolent face à la fatigue, capable de maintenir une énergie dense, avec panache, tout au long de ces douze jours de tournage, insubmersible. Ses manières sont à la fois redoutées et admirées, il me semble qu'il a seulement la prétention de connaître son sujet et de l'appliquer.

Tel un scientifique qui cherche un nouveau souffle, un autre regard, il m'a trouvée, moi. Exubérance ? Folie godardienne ? Il ne m'a pas quittée de l'œil. Il a été là, prêt à intervenir pour m'aider, m'encourager, avec cette douce attention, ce sourire tendre... Je l'ai vu vidé, crevé, mais jamais faiblir, toujours aux aguets, prêt à surgir. Il aurait pu être un grand sportif de haut niveau.

Nous retrouvons au garage le maestro, fringant et enthousiaste. Nous sommes sur la dernière sortie des « Animaux ». JLG nous explique ce qu'il attend de nous. Je l'écoute toujours aussi religieusement, moi, l'actrice improvisée pour qui endosser un rôle et incarner un personnage sont des mots inconnus.

J'ai mis le gilet en laine rouge, la jupe noire et les ballerines pour l'occasion. Je n'ai pas de réplique, je dois juste m'élancer depuis les pompes à essence à l'extérieur jusqu'à l'entrée du garage, tête baissée. Et cette fois je me prends pour Lady Di, la princesse soumise qui n'a pas encore envoyé sur les roses son peu tendre époux Charles... Le temps de cette préparation, je regarde une dernière fois JLG, le metteur en scène. Il est déjà dans son film. Il tourne dans sa tête, sait où il va, où il nous emmène. Son scénario est plus ou moins fait, avec sa part d'improvisation qui peut jaillir à tout instant. JLG vient me souffler dans l'oreille ces derniers mots :

— Faites à peu près ceci, puis faites à peu près cela.

C'est tout.

Qui sait ? Nous avons affaire à un homme insaisissable, capable de filmer des choses simples pour en faire des actions prodigieuses, une image époustouflante, brutale dans sa lumière, maîtrisée dans son faisceau, en parfaite symbiose avec les bruits du dedans comme ceux du dehors, qui donnent le rythme, donc la création. Son œuvre est un battement de cœur ! Une histoire humaine qui parle d'une quête artisanale, de ses apprentissages et de ses expériences. Il assemble, dose pour communiquer avec un goût certain du risque et de l'improvisation.

Une fois prêts, mes camarades et moi nous élançons. JLG nous donne des indications de positionnement, invitant à des bizarreries auxquelles nous ne comprenons pas grand-chose. Il ne s'arrête jamais. Il ramasse tout, exige toujours plus, tout le temps. Nous sommes ses cobayes syndiqués. L'homme Godard est un laboratoire à lui seul. Il passe son temps à nous tester, à mettre au point ses droits artistiques.

Je me trouve toujours aussi gauche que les autres fois, dans la cuisine et la salle de bains. Mais je m'applique, suis toute ouïe pour recueillir la suite de mon jeu. Comme rien ne presse avec JLG, j'écoute ses nouvelles instructions. Il ne semble pas remarquer mes défaillances. Toujours tête baissée, j'exécute mon rôle. Je planque tant bien que mal mes défauts et mes maladresses derrière mes camarades, jusqu'à la fin. Et finalement, je m'en tire plutôt bien. C'est le métier qui rentre ?

JLG n'aura pas fait de moi une actrice mais un être merveilleusement vivant. Et avec lui, je suis entrée dans l'exception. La sienne, bien sûr. Il n'a jamais douté de moi.

Sa conviction était totale. Je me suis accordée à lui avec la fragilité et la poésie maladroite d'une débutante. La peur souvent vissée au ventre. Et pendant un court instant, j'ai pu le regarder vivre. Il faut le vivre, pas le suivre, l'homme au cigare...

16

Le goûter

Jean-Paul a prévu un goûter pour fêter la fin du tournage. Nous nous retrouvons tous à Rolle, à deux pas de *L'Aubaine*. Plus précisément à la boulangerie-pâtisserie où Jean-Luc a ses habitudes. Dans le petit jardin situé à l'arrière de la boutique, il est déjà là, tout sourire, le cigare aux lèvres.

C'est une grande table garnie qui nous attend. Des boissons fraîches et chaudes nous sont servies, des gâteaux et des glaces en tout genre. Gulliver a déjà englouti sa deuxième tarte. Les rires fusent de toutes parts. La tristesse n'est pas encore inscrite sur les visages. Elle viendra plus tard, quand nous nous quitterons pour repartir chacun de notre côté et sans doute ne plus nous revoir. À l'évidence, ce n'est pas envisageable pour Jean-Luc en ce moment. Je suis assise à l'opposé de lui. Je peux l'observer. Il semble heureux. Soulagé, peut-être aussi. Il est rieur, de nouveau déroutant et très blagueur. C'est donc bon signe. Il joue à nous tromper encore, à nous déconcerter avec sa prose fuyant la clarté, truffée de mots travaillés, équivoques, déroutants. Tout de même, son intrépidité, sa malice le rendent touchant, bon enfant. On sent bien qu'il nous a tous beaucoup appréciés. On tient toujours à faire bonne impression sur les gens que l'on aime.

Jean-Paul n'est pas mal non plus côté calembours. Je repense à hier soir où, lors du dîner, j'ai eu droit au devenu incontournable : « Un petit tour de magie, Cathy ? » Et Jean-Paul de me harceler gentiment sur le chemin du retour : « Oh ! Il faut que tu me l'expliques, celui-ci ! » Je n'ai pas tout de suite accédé à sa demande, parce que j'aimais son regard émerveillé à cet instant. Lui aussi va beaucoup me manquer.

La fin est proche... Il fallait bien qu'elle arrive. Il n'y aura plus ces « On y va ! », « On coupe ! », « On recommence », et mon préféré : « Une dernière fois, juste pour le plaisir ? » Cette fin, j'y goûte et l'avale avec ma tarte. Cette solitude de l'*après*, elle est sur le point d'éclore avec notre prochain retour à l'aéroport de Genève.

Je vois quelques camarades se lever, commencer à bouger. La place à côté de Jean-Luc vient de se libérer. J'en profite pour aller m'y asseoir. Ses yeux m'ont suivie. Il sourit déjà. Il est encore à nous un moment, un peu à moi à cet instant. Au tout début de l'aventure, j'avais peur de ce que j'allais apprendre de moi. Après tout, je n'étais qu'une ancienne joueuse de tennis. Jean-Luc a de la tendresse pour celle que j'ai été et de l'amitié pour celle que je suis devenue. Il sait s'adresser aux grandes personnalités de ce monde comme aux plus modestes. Il permet cette accessibilité d'entrée de jeu : il n'y a jamais eu de barrière entre nous. Je suis heureuse de cette proximité. Je sais que ça va être notre dernière conversation. C'est dingue, sa présence m'est presque devenue familière. Mais non ! Elle m'impressionne encore...

Un bruit court qu'il arrêterait après *Film Socialisme*. Je ne veux pas y croire. Je ne vois pas en lui la montée d'un quelconque repos à venir. C'est ridicule. Il aime trop filmer l'importance des petites choses, la folie, la plénitude humaine, les instants de platitude, les passions. Il a toujours défendu sa vérité et regardé l'autre face des choses. Il ne s'est jamais séparé du monde, il a toujours décrit la pauvreté, sa beauté mystique, la médiocrité du parvenu, ses bilans monstrueux, son capitalisme aliénant... Lui, arrêter ? Allons donc ! Sa vie est un mouvement perpétuel, un élan nomadiste, une parole aventureuse, révolutionnaire ! On apprend à créer, à produire quand on a envie de croquer la vie comme une tarte aux fraises. S'arrêter, c'est mourir. Le repos n'a jamais rien enseigné. Ce n'est pas une occupation pour un poète, un anarchiste, un anticapitaliste, un humoriste, un activiste comme lui ! Son métier, c'est ce qui le fait vivre, se révolter, pas dépérir. Voilà sa vraie profession ! Toute sa vie tient dans une image urbaine, un bruit, une lumière, une note de musique dont il a le secret de l'assemblage pour en faire un bouquet jeté à la face du monde, telle une œuvre de Banksy. Il s'en rendra très vite compte. Il ne pourra plus s'arrêter... Seul le détachement flingue et prédispose à la chute fatale. Le repos est chose bien crevante. Pas la lutte. Le loup des steppes le sait bien !

Je ne suis plus l'élève qui va au maître. Je suis l'amie qui veut savoir si l'info est vraie. Oui, il est fatigué, perclus d'usures physiques, mais son esprit reste frais, intact, pertinent, en ébullition. Je respire un grand coup et me lance de but en blanc :

— Alors, il paraît que vous arrêtez ?

— Oui, c'est vrai, me répond-il tout doucement.

— Je n'y crois pas une seconde.

— Et pourquoi ?

Je l'intrigue. Ses yeux se sont légèrement agrandis. Je perds un peu Jean-Luc et retrouve le personnage Godard au regard perçant. Il peut être parfois glaçant, joueur, malicieux au possible, intimidant. Avoir des fulgurances phénoménales qui peuvent vite se montrer vertigineuses, voire assiégeantes. Cela m'est aussi exquis. Je ne me démonte pas, je sais qu'il n'a pas le goût de l'oisiveté, et je repars à l'assaut :

— Parce que vous n'arrêtez pas de penser.

Et je ris de bon cœur.

Il me regarde, porte lentement son cigare à ses lèvres, tire une bouffée, le repose doucement sur le cendrier, puis me sourit.

17

De Rolle à Cannes

Film Socialisme est sélectionné au festival de Cannes 2010 dans la catégorie « Un certain regard ».

Un après-midi, je reçois un courriel de la production Vega Film. Je suis invitée le 13 mai prochain à retrouver toute l'équipe sur la Croisette pour la projection du film.

Le matin du 13, je me réveille en me demandant à quoi ma journée va ressembler. J'ai eu le sommeil agité. Je m'aperçois seulement maintenant que je dors mal depuis cette invitation. Ma bouche est sèche. Mon dos me fait un peu mal. Je l'étire doucement. Hier soir, je n'ai pas beaucoup mangé non plus. Mon appétit était en berne. Comme à la veille d'un gros match de tennis, où tout se noue en moi et ne présage pas une super, grande forme.

Il me faut pourtant y aller. Je fais un brin de toilette, avale une tasse de café et deux tartines beurrées au miel. En passant ma veste grise, je me rends compte que je n'en ai pas de plus récente ou de plus chic à me mettre. Je rigole toute seule. Ça n'a pas grande importance à mes yeux. Elle tombe bien sur mes épaules et sa doublure intérieure est bordeaux. Je la trouve plutôt assortie à ma chemise blanche et à ma cravate gris-bleu. Non, ce qui me contrarie, c'est ma présence au Festival. Je n'avais pas imaginé y être invitée un jour. Je n'en ai même jamais rêvé. Et au lieu de m'en réjouir, de faire la contente comme il convient quand en plus on n'est pas actrice, je prends mon air insatisfait.

— Fais un effort, me dit ma mère. Ne fais pas cette tête-là !

C'est vrai, je tire une mine maussade. Quelque chose m'empêche de me sentir autrement. Je n'aime pas le monde, cela me stresse. De plus, la fille de la production m'a laissé entendre que JLG ne viendrait sans doute pas. Comme je l'envie. Et pourquoi m'y rendre si ce n'est pas pour le retrouver, l'entendre parler, le voir sourire, aller majestueusement dans la vie commenter son film, fumer son légendaire cigare ? Moi, actrice… Je pèse le pour et le contre. Pourquoi faire la belle au milieu d'un monde de paillettes ? Pas mon genre.

Je termine de me coiffer, me parfume un peu, puis sors de l'appartement pour rejoindre ma voiture. Habitant Nice, je suis à Cannes en une demi-heure. J'arrive au bout du boulevard Carnot, ça grouille de partout, je vais finir à pied.

Ce n'est plus Rolle, sa vue sur le lac, ses ruelles, les Petites-Buttes, *L'Aubaine* aux dimensions humaines… Le soleil tape, j'ai chaud. Je ne suis pas à mon aise. J'arrive plus fébrile, plus agitée encore. L'événement mobilise un monde fou, toutes nationalités confondues. Quelques rues sont bloquées. Les gens circulent serrés comme des sardines. Je suis engloutie par la foule qui me bouscule, me malmène. Je suis loin d'être arrivée… C'est l'effet

Festival, frémissant, tapageur, superficiel au possible. Les projecteurs du monde entier sont braqués sur ses participants prestigieux. C'est dans l'effervescence, au milieu des photographes, des fans et des professionnels du cinéma, badge autour du cou, que je m'avance, piétinée, vulnérable. Tout est disproportionné, bruyant, hystérique. J'ai vraiment chaud. Je reste figée sur place. Où dois-je aller, déjà ? Je mâchonne un juron. Peut-être par là-bas. « Pardon, excusez-moi ! » Au bout d'un quart d'heure, je trouve enfin le moyen de me faufiler jusqu'à l'endroit où m'attend mon badge. Je le retire avec une pièce d'identité.

Puis la dépêche officielle tombe. Elle vient d'être expédiée par JLG. L'annonce est retentissante sur toute la Croisette. J'entends un peu partout : Godard a planté le Festival ! Mon peu d'enthousiasme de ce matin s'effondre un peu plus. La pression sur mes épaules monte d'un cran. Je me croyais protégée de toute obligation, soulagée de toute responsabilité, n'ayant plus à m'occuper d'autre chose que de mon plaisir d'être là. JLG absent, quel vide ! Je ne vais pas le revoir. La mer, si. Je longe la corniche où des yachts luxueux, imposants, composent un alignement parfait, l'eau miroite et réfléchit trop. Elle m'aveugle.

Plus rien n'est pareil.

Quelques minutes plus tard, je retrouve l'équipe du tournage, incomplète. Christian, Eye et Gulliver se sont tous faits beaux pour l'occasion. Nous nous embrassons. Je fais la connaissance de la production, qui m'accueille chaleureusement et nous confirme l'absence de Jean-Luc. Une heure plus tôt, sa sortie médiatique adressée au délégué général, Thierry Frémaux, était d'une originalité désopilante :

> *Avec le Festival, j'irai jusqu'à la mort, mais je ne ferai pas un pas de plus [...] Suite à des problèmes de type grec, je ne pourrai être votre obligé à Cannes.*

Ce qui ne varie pas, c'est l'humour : il faut bousculer l'ordre établi. Ce n'est ni de l'extravagance ni du dandysme. C'est l'acte d'un réfractaire excellant dans l'art de la communication. Un besoin de marquer son désaccord dans la dérision. Et il ne s'en prive pas. Il cherche même à nous amuser avant que nous entamions notre montée des marches sur le légendaire tapis rouge, à l'entrée du Palais des festivals.

Enfin, pas tout à fait... Cette montée est en réalité programmée sur l'autre tapis, celui qui mène à la salle Debussy. Zut, alors ! Je vois Gulliver jeter des regards éperdus et déçus. *Bye bye, red carpet !* Nous ne croiserons donc pas Cate Blanchett ni Brad Pitt, habituellement accueillis dans le grand auditorium Louis Lumière.

Toute l'œuvre de JLG devrait appartenir à la poésie.

Que fait *Film Socialisme* dans la catégorie des films « prometteurs », considérés comme « encourageants » ? Je commence à comprendre les problèmes grecs de Jean-Luc...

Ô grand espoir déchu ! Tout écrabouille, en direct. Par la culbute. Mais continuons, ce n'est après tout que du cinéma sur des rails ordinaires. Gardons pied, tenons notre équilibre. Notre présence, elle, n'est pas ordinaire. Mon récit le prouve, déraille, comme les regards de mon Gulliver. Tout est logique ici. Oh oui, oui, oui !

Non, en fait. Je voudrais rentrer chez moi. Impossible. Par ici, les marches ! J'y vais. La tête me tourne. J'entends le bruit, le vacarme... Mais il ne nous est pas destiné. Cette clameur n'est pas très loin pourtant, à une vingtaine de mètres de nous, elle redouble même... Retentissante à souhait ! Une fois en haut des marches, je penche la tête sur la droite. Je la reconnais dans sa longue robe blanche, avec ses épaules dénudées et son bras levé saluant la liesse d'admirateurs qui scandent hystériquement son doux prénom... « Adriana ! Adriana ! » La plantureuse Adriana Karembeu est en train de fouler le tapis rouge. Demain, je lirai dans l'article de *Nice-Matin* qui lui est consacré cette formidable déclaration : « Je veux faire du cinéma ! »

Nous sommes là, perchés, sous les crépitements de deux photographes plus intéressés par la créature de rêve qui gravit les autres marches en se déhanchant. Qu'est-ce que je fais là ? La magie n'est plus. J'ai soudain le blues et un haut-le-cœur. Tout est laid. Et JLG n'est pas là. L'air bleu cannois se voile. Mélange de stupeur et de tristesse. Le festival de Cannes m'apparaît tel un carnaval grotesque. Je n'ai qu'une envie : partir d'ici !

Mais nous pénétrons dans la salle Debussy et c'est une salle comble qui nous accueille. Avec mes camarades, nous nous regardons, émus. Des applaudissements nous accompagnent quand nous prenons place. La projection de *Film Socialisme* va commencer.

Les attachés de presse ont distribué aux journalistes présents le synopsis et le dossier de presse :

C'est une symphonie en trois mouvements.

« Des choses comme ça »
En Méditerranée, la croisière du paquebot. Multiples conversations, multiples langues entre passagers presque tous en vacances...

« Notre Europe »
Le temps d'une nuit, une grande sœur et son petit frère ont convoqué leurs parents devant le tribunal de leur enfance. Ils demandent des explications sérieuses sur les thèmes de liberté, égalité, fraternité.

« Nos humanités »
Visite de six lieux de vraies/fausses légendes, Égypte, Palestine, Odessa, Hellas, Naples et Barcelone.

Le film démarre.
Dès les premières images, je suis comme aspirée, happée, sous leur emprise. Elles m'éblouissent, m'enivrent, pulvérisent mes impressions. Je suis sous hypnose. Je vois sans a priori, me laisse porter par la multiple composition des sons et des images qui s'enchevêtrent. Il y a là une vérité qui m'oxygène, un réalisme qui me parle, m'apporte deux fois plus de conscience. C'est tout à fait inédit. L'actualité y est étiolée, par de sublimes plans fixes puis rapides, des dialogues aphoristiques, mémorialistes. JLG met du sacré

dans la vie, l'histoire, le langage. Du soin dans le découpage des images, l'assemblage de chaque mot. Il écrit son cinéma comme un cri, d'une manière fractionnée, brutale. Soudain, un homme apparaît succinctement, nous tombe presque dessus. Je le reconnais. C'est Alain Badiou. Tel un prophète, il tient un discours sombre et désenchanté sur l'Europe, la justice des hommes, son histoire. Le mot *sombre*, couplé à celui de *désenchanté*, m'inspire l'écoute, le devoir. Le monde serait donc un désastre et une offensive. Je suis réceptive et fermée à la fois, à cause de JLG qui entretient parfois à dessein le trouble artistique. Pourtant son message est fort : « Quand la loi n'est pas juste, la justice passe avant la loi. » Je le prends en pleine figure. Fragilité de ma compréhension ? Ou tremblement de la découverte ? Je mets tant de bonne volonté que ma tête explose en plein vol. Tout ramène, retrace, rappelle. Je circule entre ciel et terre. Je résiste, je résiste... Qui est donc vraiment JLG ? Une sentinelle aux portes de la vie contemporaine. Celui qui voit avant les autres un monde s'écrouler et qui appelle à l'insurrection pour le sauver.

Au milieu du film, j'éprouve une formidable fierté, de l'admiration à son égard. Je suis seule au monde, avec lui. Prête à plonger dans l'immense écran pour découvrir la suite, telle une hirondelle qui, prenant son élan, pique d'abord dans la plaine avant de remonter haut dans le ciel.

Arrivent ensuite « Notre Europe », notre prestation à tous dans la partie « Les Animaux », la mère...

Étrange impression que de se découvrir. Nous sommes plus fragiles, plus vulnérables, forcément. Mais qu'importe. J'ai quelques sourires pour mes scènes. Des gênes. Et c'est logique. De moi, actrice, rien ne m'a étonnée. Pas de transformations extraordinaires. J'ai découvert un corps et une voix capables de dire *des choses comme ça*, correspondant à la résurrection peu ou prou réelle d'une mère, personnage inventé par JLG. Dire que je me suis sentie bien dans cette voix et dans ce corps ? Non. Alors, que penser de moi en me découvrant sur l'écran géant ? Pas grand-chose. Mais je sais que j'ai vécu ce rôle avec une implication entière et sincère.

Et puis une seconde perspective sur le film m'est apparue : la représentation des matières, du désenchantement, et l'enchevêtrement d'images historiques. D'entrée, le premier plan est grandiose, saisissant. La caméra filme en surplomb le navire *Costa Concordia*, puis plonge telle une cascade dans la mer, nous embarquant d'une manière vertigineuse dans ses myriades de reflets, de crépitements et de vagues hérissées. JLG nous impose un rapport avec les éléments naturels : l'air purifié, l'eau baignée de lumière, le bruit assourdissant. Tant de beauté exalte. Et ce ciel bleu alentour… Je n'ai jamais vu d'horizons aussi bien filmés. *Horizon bleu comme un étendard*, disait Jean Genet. Le talent de Godard saute aux yeux. Je reste éblouie et mon cœur bat la vie devant tant de vérité. Il y a une intelligence artistique proche du cubisme dans son montage et sa juxtaposition des sons, de la lumière et des images. Il aime les fragmenter dans leurs élans qui ne sont jamais des apparences superficielles du monde, mais sont plutôt réalistes. À cette vision, je pense au *Guernica* de Picasso ou encore à quelques peintures d'Edward Hopper, aux plans épurés dans leur aspect minimaliste. Sa vision est l'enchanteresse, celle qui réalise ses compositions, magnifie sa création. C'est elle qui déclenche tout. Cette mer... La Mère... Ne sont-elles pas un écho de notre isolement, de l'état du monde, de notre amour infirme, de notre folie humaine dans ces vagues tournoyantes ? Son travail cinématographique nous rend toute forme et tout élément vivants.

La projection touche à sa fin et nous avons droit à une standing ovation. C'est très émouvant. Nous nous levons aussitôt pour remercier tous ces gens.

Quand nous quittons la salle Debussy, l'équipe de Vega Film me sollicite. Les journalistes me demandent au bureau de presse. Heure solitaire qui me tombe dessus telle une épée de Damoclès, mais aussi la peur, la fatigue et l'appréhension. Je me sens un peu seule pour défendre le film. Je tiens bon et réponds aux journalistes, tous francophones. Puis vient la question :

— Avez-vous des nouvelles de Jean-Luc Godard ?

— Non, pas plus que vous. Il a donné des raisons médicales comme quoi il n'allait pas très bien. Les avez-vous lues ?

— Oui.

— Moi aussi. Donc, il ne va pas très bien.

Demain matin, je lirai en titre sur le site de *Nice-Matin* : *Catherine Tanvier dit que Jean-Luc Godard ne va pas très bien.*

Je suis écœurée.

*

Un mois plus tard, Anne-Marie Miéville me fait l'amitié de m'adresser un courriel dans lequel elle me donne des nouvelles et joint une photo de Jean-Luc jouant avec son chien Roxy. Il n'a pas perdu de poids, m'assure-t-elle, mange les petits plats qu'elle lui mijote. Voilà pour son quotidien. Elle me décrit un homme retraité. Ce n'est pas l'homme Godard que j'ai connu. Il doit forcément réfléchir à un nouveau film. Il ne peut pas s'arrêter. C'est impossible. Soudain, une phrase du *Mépris* me revient en mémoire, celle que j'avais plus ou moins prononcée après la scène de la cuisine, quand je voulais absolument finir sa vaisselle : « Il faut toujours terminer qu'est-ce qu'on a commencé. »

18

Le classeur rouge

Mardi 8 octobre 2024.

Quand je me penche au niveau de l'étagère la plus basse de ma bibliothèque, là où sont rangés des livres, mes yeux ne trouvent pas tout de suite. Ce n'est pas normal. Je soulève alors une pile de dossiers également posés ici, un peu plus sur la droite. Rien encore. Ce n'est pas possible, je le mets toujours là ! De mes doigts écartés, je les sépare bien. Rien. Bon sang, mais c'est pas vrai !

Je me redresse pour soulager mon dos. Peut-être ai-je mal regardé à cause de la frange qui me tombe sur les yeux. Je rejette mes cheveux en arrière. Je me baisse de nouveau, les yeux plus grands ouverts. C'est inutile. Une suée froide gagne subitement tout mon corps. Le regard fixé dans le vide, bouche bée, je m'assois sur le bord du lit. J'ai la tête qui tourne. Je me lève puis m'agenouille devant cette partie basse. Je vire tout, notamment deux cartons remplis de manuscrits. J'en vérifie aussi le contenu. Je pâlis. Je ne sais que dire. L'aurais-je tout simplement rangé dans le grand placard ?

Avant de me diriger vers lui, j'examine à nouveau l'endroit où j'avais l'habitude de le placer. C'est absurde ! Je viens de me courber pour la cinquième fois, en retenant ma frange, plus agacée, et en poussant deux, trois jurons. Parce que je connais mes manies, ma façon de ranger mes livres. J'ai chaud maintenant. Est-ce un étourdissement, autre chose ? Je reste abasourdie. J'ouvre la fenêtre.

Dehors, je vois ma mère en train de couper quelques roses sous un rayon de soleil, et un drame peut-être se dessiner comme ce nuage noir au loin. Cette bibliothèque est mon plus précieux mobilier. Je la connais par cœur. Si je cherche un bouquin, je le trouve en deux secondes. Il ne peut pas être dans le placard, c'est ridicule ! Je vérifie quand même. Rien, évidemment. Des larmes me montent aux yeux. Avant de sortir de ma chambre, je jette un dernier coup d'œil à cette rangée du bas. Je m'essuie les yeux d'un revers de main. J'ai peur de comprendre.

J'ai une ennemie depuis deux mois. Une femme que je considérais comme une amie et que nous avons accueillie cet été, durant quinze jours. Elle occupait la chambre jouxtant la mienne. Après une violente dispute, nous nous sommes rudement fâchées. Je ne me suis pas méfiée. Elle connaissait parfaitement l'existence de ce classeur et l'histoire écrite sur ma rencontre avec JLG. Il est très vraisemblable qu'elle me l'ait pris et jeté dans la première benne croisée.

Et je crois bien pouvoir dire qu'elle savait comme j'aime le si peu de choses qu'il me reste, qu'elle-même nomme si bien : *ta mère, ton chien, tes petites leçons*, mais aussi mes livres, mon brin de liberté dans cette étroite indépendance qui me coûte tant de privations... Et ce classeur rouge.

J'aimais l'examiner soigneusement, le parcourir amoureusement. Je ne l'ai plus. J'avais là-dedans bien plus que mes parties, mes répliques. J'y avais tous mes échanges épistolaires avec Jean-Luc.

Les acteurs de *Film Socialisme* doivent toujours éprouver cette fierté de l'avoir et de le partager.

Je plains ceux qui épient les trésors des autres, pour les leur voler ensuite.

J'ai replacé ma frange derrière l'oreille en écrivant cela. Puis regardé l'étagère du bas où reposait depuis quatorze ans mon classeur rouge, sur lequel il était écrit *Amicalement* puis *J.L.*

Ce vol me traumatise. Je m'épuise à le chercher encore une semaine plus tard. Sous le matelas de mon lit, sous celui où elle a dormi, dans la salle à manger, derrière les meubles… Par quel procédé, quel artifice a-t-elle opéré pour s'en débarrasser ou plus simplement le cacher ?

La bibliothèque est mon univers. Ce classeur rouge était l'univers JLG. Son monde mêlé au mien, devenu à présent un espace vide. Cette impression est peut-être porteuse d'une éternité et, en même temps, de ma détresse d'en être dépossédée. Parce que ce classeur n'était pas banal.

Ni ma colère qui porte le cri d'un sanglot.

N'en finirai-je donc jamais de voir ma vie profanée ?

Je ne parviens pas à faire s'évanouir dans mon esprit la hideuse action de la voleuse…

J'ai bien pris.

Les divertissements sont trompeurs. L'isolement préférable, c'est un fait.

C'est entre ses mains indolentes que mon trésor repose désormais.

Elle va maintenant apprendre à porter les dégoûts, les abjections amicales. C'est la vision des pilleurs.

À présent, bien des jours vont passer.

Je conserverai ce livre et, au chapitre 18, l'histoire du classeur rouge.

PROD.No
DIRECTOR
CAMERA EX1 / JUL
1/1
2
A

Chaleureux remerciements à Hélène Vaultier pour ses pertinents conseils.

Table

Composition : Nord Compo à Villeneuve-d'Ascq
Impression : CPI Firmin-Didot à Mesnil-sur-l'Estrée
Dépôt légal : janvier 2025 – N° : 157893 (181915)
Imprimé en France